Cahier d'activités

accompagnant l'ouvrage Recueil de lecture

5e année

Rédaction	: Brigitte Cyr
	Monique Ménard-Baronette
	Gisèle Papineau
Coordonnatrice du projet	: Céline Renaud-Charrette
Conception graphique et couverture	: Jo-Anne Labelle
Mise en page	: Sylvie Fauvelle

Le ministère de l'Éducation de l'Ontario a fourni une aide financière pour la réalisation de ce projet. Cet apport financier ne doit pas pour autant être perçu comme une approbation ministérielle pour l'utilisation du matériel produit. Cette publication n'engage que l'opinion de ses auteures et auteurs, laquelle ne représente pas nécessairement celle du Ministère.

ISBN 2-89581-061-3
Dépôt légal — deuxième trimestre 2003
Bibliothèque nationale du Canada

5ᵉ année

Table des matières

Préambule

Ce recueil présente aux enseignantes et aux enseignants des modèles variés de questions et de tâches à proposer aux élèves de 5ᵉ année pour exploiter les textes du *Recueil de lecture*. Ces questions et ces tâches permettront aux élèves de développer des compétences en lecture.

Les questions et les tâches sont classées selon les quatre compétences du curriculum de français : le raisonnement, la communication, l'organisation des idées et le respect des conventions linguistiques. De plus, des pistes sont proposées pour offrir aux élèves des défis en écriture et à l'oral. Enfin, des gabarits de préécriture peuvent être imprimés dans le but de structurer la tâche à cette étape du processus d'écriture concernant ces différents types de textes.

Le matériel est disponible en deux formats : imprimé et électronique. Le format imprimé permet de voir l'ensemble des questions et des tâches proposées pour chaque texte. Si l'on reproduit ces documents, il est possible de cocher la case devant les questions et les tâches que l'on aura sélectionnées en vue de les soumettre aux élèves. La copie deviendra une feuille de route pour guider l'élève. Elle ou il effectuera le travail dans un cahier, à l'ordinateur ou autrement, selon le cas.

La version électronique est interactive. Elle permet aux enseignantes ou aux enseignants de naviguer dans la banque de questions et de tâches pour en sélectionner, selon leurs besoins, à l'écran. Elles et ils impriment alors des feuilles de route personnalisées pour leurs élèves. Il est possible d'ajouter de nouvelles questions à cette banque. De plus, des liens entre les textes de type semblable dans les autres années d'études permettent aux enseignantes ou aux enseignants d'exploiter aussi ces ressources.

Version électronique

Pour illustrer les possibilités d'exploitation de la version électronique de cet outil, voici quatre feuilles de route différentes produites par le logiciel. Pour un même texte, mais avec des intentions différentes, les choix faits par l'enseignante ou l'enseignant peuvent donner des résultats semblables à ceux énumérés ci-dessous.

Exemple 1

Feuille de route – Élève A

La météo
Page 80

☐ Dans la lettre, trouve les réponses aux questions suivantes :
   a) Qu'est-ce qu'un Cessna?
   b) Qui est B. Cinanni?
   c) Décris le temps qu'il a fait la journée où l'expédition était prévue.
   d) Quel service offre Météo Média?
   e) B. Cinanni termine sa lettre par une résolution. Laquelle?

☐ Imagine la conversation entre la fille aînée et son père le matin de l'expédition en avion. Avec un ou une partenaire, joue un jeu de rôle pour reproduire cette conversation.

☐ Que penses-tu du dicton «Mieux vaut prévenir que guérir»? Comment ce dicton s'applique-t-il à la situation décrite dans la lettre.

☐ Nomme une activité pour laquelle il est très sage de vérifier les prévisions de la météo au préalable, et dis pourquoi il en est ainsi.

☐ Examine attentivement le contenu et l'organisation de la lettre pour répondre à ces questions.
   a) Où habite B. Cinanni?
   b) Quelle formule d'appel est utilisée par B. Cinanni dans sa lettre de remerciements?
   c) La lettre voyage-t-elle à l'intérieur de la même ville, de la même province et du même pays? Comment le sais-tu?

☐ Trouve les mots de relation, dans le texte et ailleurs, qui évoquent une date, une époque ou une fréquence.

une date	une époque (avant, pendant ou après)	une fréquence
avant-hier le surlendemain	Auparavant plus tard maintenant	quelquefois souvent

Exemple 2

Feuille de route – Élève B (modification de programme)

La météo
Page 80

☐ Imagine la conversation entre la fille aînée et son père le matin de l'expédition en avion. Avec un ou une partenaire, joue un jeu de rôle pour reproduire cette conversation.

☐ *«Les météorologues affirmaient avec assurance...»* Jusqu'à quel point peut-on se fier aux prédictions météorologiques? Donne des exemples dont tu as été témoin.

☐ Nomme une activité pour laquelle il est très sage de vérifier les prévisions de la météo au préalable, et dis pourquoi il en est ainsi.

☐ Prépare l'enveloppe pour envoyer cette lettre. Illustre le timbre avec un dessin approprié.

☐ Trouve les mots de relation dans le texte et ailleurs qui évoquent une date, une époque ou une fréquence.

une date	une époque (avant, pendant ou après)	une fréquence
avant-hier le surlendemain	Auparavant plus tard maintenant	quelquefois souvent

Exemple 3

Feuille de route – Communication et tâches d'écriture

La météo
Page 80

☐ Quelle importance accordes-tu aux prévisions météorologiques? Comment t'informes-tu des prévisions? À quelle fréquence? Effectue un sondage dans ta famille et compare les réponses à ces questions.

☐ Tiens compte de la justesse des prévisions publiées dans le journal pendant une semaine. Discute de tes résultats avec ton équipe.

☐ Imagine que tu es météorologue et que tu viens de recevoir la lettre de B. Cinanni. Réponds à la lettre pour féliciter cette personne d'avoir consulté Météo Média avant de partir en voyage.

☐ Invente un jeu avec les mots de vocabulaire qui se rattachent au thème de la météo.

Exemple 4

Feuille de route – Tâche d'évaluation

La météo
Page 80

☐ La lettre de B. Cinanni est une lettre de remerciements. À qui sont destinés les remerciements? Pourquoi?

☐ Pourquoi la fille aînée voulait-elle que son père vérifie les prévisions météorologiques?

☐ Nomme une activité pour laquelle il est très sage de vérifier les prévisions de la météo au préalable, et dis pourquoi il en est ainsi.

☐ Note, en style télégraphique, le contenu de la lettre. Présente les informations dans un tableau.

Lieu, date	
Nom, titre Adresse complète de la ou du destinataire	
Formule d'appel	
M e s s a g e	Le pourquoi de la lettre – se présenter et expliquer la raison de la correspondance
	Les détails nécessaires pour comprendre la lettre
	Les remerciements
Salutation	
Signature	

☐ *Je* voudrais **vous** remercier pour le service important que **vous nous** offrez.

Retrouve cette phrase dans la lettre. Écris le nom remplacé par chacun des pronoms en caractère gras.

Entrevue avec un jeune peintre
Pages 63 à 65

RAISONNEMENT — Questions à répondre à l'aide des idées du texte.

☐ Lis attentivement le texte de l'entrevue pour répondre aux questions suivantes :

a) Qui est Joël Rivest?

b) Que désigne-t-on par le mot *Extraterrestre*?

c) D'où est venue la demande de réaliser une peinture murale?

d) Quelle a été la partie la plus difficile du projet?

☐ Fais la liste du matériel et des produits nécessaires au projet de Joël.

☐ Définis les expressions et les mots ci-dessous d'après le contexte. Accompagne chaque définition d'une image, à titre d'exemple.
une peinture murale – un logo – un croquis – le contour – la texture – l'art abstrait.

☐ Estime le nombre de jours que Joël a pris pour peindre la murale. Explique tes calculs.

☐ *Qui sait, un jour, j'achèterai peut-être **un original** signé Joël Rivest.*
Quel est le sens du nom *original* dans cette phrase?
Lorsque ce mot est employé comme adjectif, que signifie-t-il?

COMMUNICATION — Questions à répondre à l'aide des idées du texte et des connaissances et expériences personnelles.

☐ Joël s'intéresse beaucoup aux arts. Fais la liste de ce qui est dit dans l'entrevue qui montre cet intérêt. Ensuite, propose-lui d'autres activités à réaliser et offre-lui des conseils pour développer ses talents dans ce domaine.

☐ As-tu déjà eu l'impression d'avoir manqué ton coup dans quelque chose et te rendre compte par la suite que ce n'était pas si raté que ça? De quoi s'agissait-il?

☐ *L'art abstrait, c'est assez spécial.*
Explique ce qu'est l'art abstrait et pourquoi Joël dit que c'est spécial. Que penses-tu de ce genre artistique?

☐ Crois-tu qu'il est juste que Joël ait dû venir à l'école le soir pour faire son tableau? Explique ta réponse.

☐ En équipe, examinez des œuvres artistiques abstraites et discutez des caractéristiques de ces œuvres. Selon vous, quelle a été la source d'inspiration des artistes qui ont réalisé ces œuvres?

☐ À certains endroits, on peut admirer des peintures murales sur les murs extérieurs des bâtiments. Explique où tu as déjà vu une telle œuvre et décris-la.

☐ Si tu pouvais créer une peinture murale comme l'a fait Joël, où la ferais-tu? Qu'est-ce que tu y présenterais? Prépare un croquis de cette œuvre.

ORGANISATION DES IDÉES — Questions pour montrer la compréhension de l'organisation du texte.

☐ Sur une ligne du temps, retrace les événements qui ont mené à la réalisation de l'œuvre de Joël.

☐ Lorsqu'elle a réalisé l'entrevue, la journaliste a bien écouté les réponses de Joël et elle a rapidement pris quelques notes. Par exemple, lorsque Joël a répondu à la deuxième question, elle a noté dans son carnet : n° *#2 +/- 20 h.* Imagine les notes de la journaliste quant aux réponses aux questions 5, 6 et 7 de l'entrevue.

☐ Énumère les étapes à suivre pour réaliser une peinture murale.

☐ Dans une entrevue, certaines questions sont ouvertes et d'autres fermées. On peut répondre à une question fermée par oui ou par non. Ces questions commencent souvent par un verbe. Les questions ouvertes incitent plutôt la personne interviewée à raconter, à faire part de ses points de vue. Trouve quelques exemples de ces deux genres de questions.

Questions ouvertes	Questions fermées
De quoi t'es-tu inspiré?	Tu étais déçu?

RESPECT DES CONVENTIONS LINGUISTIQUES — Questions pour montrer la compréhension des conventions linguistiques apprises.

☐ On trouve le trait d'union, entre autres, dans les mots composés, dans les inversions et dans les nombres inférieurs à cent qui ne sont pas liés par *et*. Écris les mots ci-dessous en ajoutant le trait d'union au bon endroit.
quelquesuns, momentlà, celuici, peutêtre, travaillaistu, astu, estce, quarantecinq, vingtdeux, soixantedouze.

☐ Voici quelques exemples d'adjectifs au masculin qui se placent avant le nom : affreux, bon, dernier, gentil, grand, gros, haut, jeune, joli, long, mauvais, méchant, meilleur, petit, premier, vilain, vrai, beau, bel, nouveau, nouvel, vieux et vieil.
Les adjectifs qualificatifs de couleur se placent après le mot qu'ils qualifient.
Exemple : *un petit logo rouge, un grand tableau noir.*
Choisis cinq adjectifs de la première liste et cinq adjectifs de couleur. Compose des phrases avec chacun de ces mots. Utilise le crayon de couleur correspondant pour écrire les noms qui sont qualifiés par les couleurs.

☐ Pour trouver un complément d'objet direct, on doit poser la question *qui* ou *quoi* après le verbe. Surligne tous les compléments d'objet directs que tu trouveras à la page 65 et relie-les, par une flèche, aux verbes auxquels ils se rapportent.

☐ Reprends la structure des phrases interrogatives ci-dessous en changeant les mots en italique.

Quand as-tu *terminé ta peinture murale*?

Combien de temps as-tu mis à *réaliser ton tableau*?

Est-ce que *tu aimais l'idée*?

Est-ce difficile de *travailler à la peinture à l'huile*?

Que *disent* les gens *de ton tableau*?

☐ Un pronom remplace un nom ou un groupe de noms dans la phrase. Il est utile de découvrir ce que remplace chaque pronom, car d'autres mots dans la phrase peuvent en dépendre.

Tu *viens de réaliser une magnifique peinture murale. Quand* **l'**as-tu terminée?

tu – pronom personnel, sujet du verbe *viens*.

l' – pronom personnel, remplace *peinture murale*, complément d'objet direct (quoi?).

Examine les phrases ci-dessous et analyse les pronoms en caractères gras.

a) *Je **l'**ai terminée hier.*

b) *Joël, **je te** remercie d'avoir pris le temps de me parler de ta peinture murale.*

c) *Les critères, **je** ne **les** avais pas bien lus.*

☐ Complète les phrases ci-dessous avec un de ces homophones.

la (pronom personnel, féminin singulier)	**l'a** (élision d'un pronom personnel complément, suivi du verbe avoir)
Il est suivi d'un verbe conjugué à un temps simple ou à l'infinitif.	Il est suivi d'un participe passé.

a) La troupe voudrait _____ présenter devant un grand public.

b) On _____ rencontré mercredi après-midi.

c) Il _____ terminée hier.

d) Joël _____ présentera au public bientôt.

e) On ne peut pas _____ déménager.

Quel autre homophone de *la* et *l'a*, peux-tu trouver? Que veut dire ce mot?

☐ Reproduis le tableau ci-dessous. Trouve des mots de la même famille et classe-les dans le tableau.

Noms	Verbes	Adjectifs	Adverbes
nettoyage, netteté, nettoiement, nettoyeur, nettoyeuse	*nettoyer*	*net, nette*	*net, nette, nettement*
		méconnaissable	
application			
	vaporiser		
	intituler		
	réaliser		

☐ Distingue l'infinitif présent du participe passé en ajoutant *er* ou *é*.

a) Tu viens de réalis___ une magnifique œuvre.

b) J'ai surtout travaill___ en soirée.

c) J'étais fâch___ contre moi.

d) Ils voulaient décor___ le foyer de l'école.

e) C'est impossible de la déménag___.

f) C'est difficile de nettoy___ la peinture à l'huile.

g) J'ai appliqu___ du noir sur les contours de toutes les formes.

h) Le vernis aide à préserv___ les couleurs.

i) Joël a toujours aim___ dessin___.

ÉCRITURE (tâches ouvertes)

☐ Choisis un personnage de roman que tu as trouvé particulièrement intéressant. Fais-le connaître au groupe-classe en rédigeant une entrevue à son sujet. Rédige des questions intéressantes et réponds à sa place.

☐ Prépare une série de questions ouvertes en vue de réaliser une entrevue avec un personnage connu.

☐ Nomme cinq personnalités publiques, travaillant dans différents domaines, que tu aimerais, ou aurais aimé rencontrer pour réaliser une entrevue. Explique chacun de tes choix.

☐ Si le premier ministre du Canada t'accordait 15 minutes pour l'interviewer, quelles seraient les questions que tu lui poserais?

COMMUNICATION ORALE (tâches ouvertes)

☐ Renseigne-toi au sujet d'un concours qui s'adresse aux élèves de ton âge. Explique au groupe-classe les règlements pour participer à ce concours.

☐ Participe à un remue-méninges pour nommer des personnages de la francophonie canadienne qui ont travaillé dans différents domaines. Tu devras ensuite te renseigner au sujet d'un de ces personnages afin de l'incarner dans une entrevue avec un ou une autre élève. Tu dois aussi préparer des questions pour interviewer un personnage à l'occasion de cette activité. Au moment des entrevues, tu devras jouer les deux rôles.

☐ Choisis une œuvre artistique qui te plaît. Présente-la à ton équipe et fais-en l'appréciation artistique. Pose des questions ouvertes pour connaître l'avis des autres membres de l'équipe au sujet de cette œuvre.

Le mercredi 17 mai 2000

Pages 66 et 67

RAISONNEMENT — Questions à répondre à l'aide des idées du texte.

☐ Lis attentivement le texte de l'entrevue pour répondre aux questions suivantes :

  a) Qu'est-ce que le Festival franco-ontarien?

  b) Depuis combien d'années le festival existe-t-il?

  c) Quels sont les bénéfices que retirent les francophones lorsqu'ils assistent à ce festival?

  d) Quelle caractéristique partagent tous les artistes invités à participer au Festival franco-ontarien?

☐ Trouve les données et calcule...

  a) Calcule le nombre d'années qui se sont écoulées depuis la première édition du Festival franco-ontarien.

  b) Calcule le nombre d'années, de mois et de jours qui ont passé depuis cette entrevue.

☐ Trouve le sens des mots suivants d'après le contexte. Utilise-les dans une nouvelle phrase.
bénévole – festivités – minoritaires – culture – déployer

COMMUNICATION — Questions à répondre à l'aide des idées du texte et des connaissances et expériences personnelles.

☐ Si tu assistais à un festival où la chanson francophone est à l'honneur, quels artistes aimerais-tu voir et entendre? Explique ton choix.

☐ Imagine que toi et ton groupe musical êtes invités à vous produire sur la scène du Festival franco-ontarien. Quelle chanson allez-vous présenter? Explique ton choix.

☐ Katia fait du bénévolat au Festival franco-ontarien. Qu'est-ce que le bénévolat? Si tu pouvais faire du bénévolat, où choisirais-tu de le faire? Explique pourquoi.

☐ Explique ce qu'est le bénévolat. Quels sont les bienfaits du bénévolat dans le cadre du Festival franco-ontarien? Que peuvent retirer les bénévoles de leur expérience? Nomme d'autres organismes qui profitent du soutien de bénévoles.

☐ Prépare un message publicitaire pour attirer des bénévoles à l'occasion du prochain Festival franco-ontarien.

☐ À l'occasion de grands événements tels que le Festival franco-ontarien, quels genres d'activités préfères-tu? Que pourrais-tu suggérer au comité organisateur pour attirer les jeunes de ton âge?

ORGANISATION DES IDÉES — Questions pour montrer la compréhension de l'organisation du texte.

☐ Dans une entrevue, qui parle le plus? Pourquoi?

☐ Note les mots qui sont au début des questions. Classe-les dans un tableau comme celui ci-dessous, selon le genre de réponses qu'ils provoquent.

On peut y répondre par oui ou non	On doit offrir une réponse précise, autre que oui ou non
	Depuis combien

☐ Quelles informations peut-on trouver dans le premier paragraphe de ce texte, celui qui sert d'introduction à l'entrevue?

☐ Comment Rachelle termine-t-elle son entrevue? Que penses-tu de cette intervention?

☐ Pendant l'entrevue, un ou une journaliste prend des notes très rapidement. Pour surmonter les difficultés liées à la prise de notes, tu peux t'exercer à prendre des notes avec un ou une élève de ton groupe-classe. De plus, tu peux aussi te donner un code pour quelques mots. Exemple : *plus* pourrait s'écrire +.

Imagine les notes prises lors de cette entrevue. Compare tes notes avec celles d'un ou d'une partenaire, et repère les éléments qui ont rendu la prise de notes efficace.

RESPECT DES CONVENTIONS LINGUISTIQUES — Questions pour montrer la compréhension des conventions linguistiques apprises.

☐ Dans son entrevue, quel genre de phrase Rachelle utilise-t-elle le plus souvent? Pourquoi?

☐ À la page 66, Katia utilise l'interjection *Certainement!* pour marquer son approbation. Note d'autres interjections que Katia aurait pu utiliser pour exprimer la même chose, par ex., *Absolument!*

☐ La phrase commence toujours par une majuscule.
Les noms propres (personne, ville, province, pays, etc.) prennent la majuscule.
Les noms désignant les habitants d'un pays, d'une province ou d'une ville prennent aussi une majuscule : les Franco-Ontariens, les Canadiens, etc. Ces mêmes mots employés comme adjectifs commencent avec une lettre minuscule : une fête franco-ontarienne, le drapeau canadien, etc.

Avec un ou une partenaire, relève des exemples où des lettres majuscules sont utilisées dans ce texte. Discutez ensemble des différentes façons dont le mot *franco-ontarien* apparaît dans le texte.

☐ Prépare le tableau de conjugaison des verbes du 1er groupe avec le verbe *chanter*, *participer* ou *exister* en guise de modèle. Présente ce verbe à l'imparfait, au passé composé, au futur proche, au futur simple, au présent de l'impératif, au participe présent et au participe passé.

☐ Choisis **un** de ces groupes de mots invariables et compose une phrase avec chacun des mots du groupe.

comment	aussitôt	avant
seulement	bientôt	auparavant
souvent	plutôt	davantage
tellement	tantôt	devant
vraiment	tôt	dorénavant

ÉCRITURE (tâches ouvertes)

☐ Écoute une entrevue sur bande audio ou sur bande vidéo. Prends des notes tout le long de l'entrevue pour ensuite écrire cette entrevue le plus fidèlement possible.

☐ Choisis un ou une artiste de la francophonie canadienne que tu voudrais interviewer. Prépare une série de questions que tu pourrais lui poser.

☐ Prépare un message publicitaire pour faire connaître les activités de la communauté francophone de ta région.

COMMUNICATION ORALE (tâches ouvertes)

☐ Lorsque tu prépares une entrevue, tu dois évidemment prendre un rendez-vous avec la personne que tu désires interviewer. Pour obtenir ce rendez-vous, simule une conversation téléphonique avec une autre personne. Tu dois bien te présenter et expliquer ce que tu recherches. Ensuite, détermine avec cette personne un moment et un lieu approprié pour faire la rencontre. Estime et discute de la durée possible de l'entrevue. N'oublie pas d'utiliser les formules de politesse qui s'imposent.

☐ Choisis un ou une élève du groupe-classe que tu connais moins bien. Pose-lui quelques questions pertinentes pour apprendre à la ou à le connaître davantage. Trouve une façon originale de présenter au groupe-classe ce que tu as appris au sujet de cet ou cette élève.

☐ Crée un logo qui symbolise l'esprit du Festival franco-ontarien. Explique en quoi chaque élément de ton logo représente ce festival.

☐ Quel métier aimerais-tu faire lorsque tu seras adulte? Trouve quelqu'un qui exerce ce métier et pose-lui des questions pour en savoir davantage sur son travail. Veux-tu toujours faire ce métier? As-tu appris quelque chose que tu ne savais pas au sujet de ce métier? Présente le résultat de ton entrevue à quelqu'un de ton groupe-classe qui s'intéresse à ce même métier.

☐ Connais-tu quelqu'un qui est arrivé d'un autre pays ou d'un autre endroit du Canada pour se joindre à la population francophone de l'Ontario? Pose quelques questions à cette personne pour connaître ses premières impressions de la communauté franco-ontarienne. Est-ce que ses premières impressions se sont avérées vraies? Si possible, enregistre l'entrevue et présente-la au groupe-classe sous forme d'émission radiophonique.

☐ Réalise une entrevue auprès d'un ou d'une adulte francophone de ton entourage. Essaie de découvrir, par tes questions, ce que cette personne aimait lire lorsqu'elle avait ton âge. Pose des questions pour connaître le genre de livres préférés, la quantité de livres lus, les auteurs préférés de cette personne. Participe à un échange avec le groupe-classe. Que remarquez-vous?

Une belle rencontre avec Sabrina et Bradley

Pages 68 à 72

RAISONNEMENT — Questions à répondre à l'aide des idées du texte.

☐ *Sabrina et Bradley sont tous les deux amoureux...* Explique cet extrait du texte.

☐ Lis attentivement le texte d'introduction de l'entrevue pour répondre aux questions suivantes :
   a) Qui sont les deux athlètes?
   b) Quelle discipline sportive pratiquent-ils?
   b) Quel est le dernier honneur qu'ils se sont mérité?
   c) Iront-ils aux Jeux olympiques?

☐ Compare les débuts de Sabrina et de Bradley en patinage.

☐ Fais un tableau des honneurs que se sont mérités les deux athlètes au fil des ans.

☐ Lis attentivement les questions et les réponses de l'entrevue pour répondre aux questions suivantes :
   a) Compare les sentiments de Sabrina quant à l'idée de patiner avec un garçon à ceux de Bradley quant à celle de patiner avec une fille.
   b) Quels sont les sacrifices que doivent faire Sabrina et Bradley pour pratiquer ce sport?
   c) Selon les patineurs, quelle est la différence entre participer à un spectacle et participer à une compétition?

☐ Choisis Sabrina ou Bradley et relève tous ses exploits sportifs et ses informations personnelles. Confectionne-lui une carte, comme on en trouve sur le marché, illustrant les exploits des vedettes sportives.

COMMUNICATION — Questions à répondre à l'aide des idées du texte et des connaissances et expériences personnelles.

☐ Choisis un athlète canadien ou une athlète canadienne. Prépare un bulletin où tu lui accordes des notes pour ses performances et où tu indiques ses forces, ses faiblesses et les prochains défis que tu lui proposes de relever.

☐ Il y a beaucoup de vocabulaire se rapportant au patinage artistique. Avec l'aide d'un ou d'une camarade, dresse un minilexique illustré d'une vingtaine de mots tirés de cette discipline sportive.

☐ Tu veux aider Sabrina ou Bradley à bien planifier leur semaine. Étant donné que l'entraînement est important et que les amis, la famille et l'école le sont aussi, prépare l'horaire de la semaine à venir d'un des deux athlètes en tenant compte de tous ces éléments.

☐ Il y a toujours d'autres questions auxquelles nous désirons obtenir des réponses suite à la lecture d'une entrevue. Compose trois autres questions à poser à Sabrina ou à Bradley et explique pourquoi tu as choisi ces questions.

☐ Penses-tu que le rêve de Sabrina et de Bradley de représenter le Canada un jour aux Jeux olympiques est réaliste? Justifie ta réponse à l'aide d'exemples.

☐ Quelles sortes de sacrifices les athlètes olympiques doivent-elles ou ils faire pour exceller dans leur discipline?

ORGANISATION DES IDÉES — Questions pour montrer la compréhension de l'organisation du texte.

☐ Les informations contenues dans les réponses de cette entrevue sont-elles véridiques? Explique ton point de vue à ce sujet.

☐ Trace un plan de ce texte, divise-le en sections et donne un titre à chacune d'elles. Explique le contenu de chacune des sections.

☐ Quelle sorte d'information peut-on trouver dans la première partie de ce texte, celle qui précède les questions et les réponses?

RESPECT DES CONVENTIONS LINGUISTIQUES — Questions pour montrer la compréhension des conventions linguistiques apprises.

☐ En utilisant le mot *patinage* ou le mot *persévérance* invente une phrase avec chacun des verbes ci-dessous.
continuer, se lever, accomplir, pouvoir, craindre

☐ Pour chaque nom ci-dessous, ajoute un article et un adjectif épithète. Respecte le genre et le nombre des noms.
récompenses, alimentation, amies, compétition, critiques

☐ Voici un tableau des adjectifs possessifs. Complète-le.

mon	ton	…
ma	…	sa
…	tes	ses
…	votre	leur
nos	…	…

Écris les phrases ci-dessous et ajoute les adjectifs possessifs appropriés. Compare tes phrases avec celles d'un ou d'une camarade. Est-ce que vos phrases ont le même sens?

a) Tu dois me prendre dans _____ bras.

b) Nous avons eu une médaille d'argent pour _____ deuxième place.

c) Je passe toutes _____ journées à patiner.

d) Il doit surveiller _____ alimentation.

e)	Ce sont ___ parents, ____ entraîneurs et nous qui décidons.

f)	Je voulais améliorer ____ performance.

g)	Aimes-tu être ____ partenaire?

h)	Bradley, ____ horaire est-il chargé?

i)	Avez-vous lacé ____ patins?

j)	J'améliore ___ performance.

ÉCRITURE (tâches ouvertes)

☐	Choisis un ou une athlète de la francophonie canadienne. Renseigne-toi sur son parcours et ses exploits. Écris-lui une lettre de félicitations et d'encouragement. Prépare correctement ton enveloppe et dépose ta lettre à la poste.

☐	Écoute les nouvelles du sport à la télévision. Choisis une discipline sportive qui t'intéresse et prends des notes pendant qu'on parle de celle-ci. Écris un compte rendu à l'aide de tes notes.

☐	Prépare une des minirecherches suivantes :

–	Trace une mappemonde où tu situes toutes les villes hôtesses des Jeux olympiques depuis 1896. Cette distribution te semble-t-elle équitablement répartie dans le monde? Explique où, selon toi, les prochains Jeux devraient se tenir.

–	Informe-toi sur le fonctionnement du Comité international olympique (CIO). Quel est son rôle et quelles sont ses responsabilités? Comment décide-t-il d'octroyer les Jeux à une ville en particulier?

COMMUNICATION ORALE (tâches ouvertes)

☐	Participe à un dialogue avec un ou une partenaire dans lequel tu joues un des rôles suivants :

–	un ou une athlète qui rêve d'aller aux Jeux olympiques

–	un entraîneur ou une entraîneure qui recrute des athlètes en vue de les préparer aux Jeux olympiques.

☐	Prépare des questions pour connaître les détails des activités parascolaires d'un ou d'une élève du groupe-classe. Réalise une entrevue avec l'élève en question et enregistre-la sur bande audio.

☐	Avec un ou une partenaire, prépare une entrevue fictive avec un ou une athlète qui n'a rien gagné lors d'une grande compétition. Dans la discussion, souligne les sentiments que l'on ressent et les stratégies à adopter lorsqu'on est dans cette situation.

☐	Participe à une discussion au sujet du salaire des athlètes professionnels.

Fiche de planification du dossier d'écriture

Je prépare une entrevue.

RECHERCHE	
Je choisis une personne à interviewer. Je me renseigne à son sujet.	Je cerne le sujet de l'entrevue. Je me renseigne sur ce sujet.

RENDEZ-VOUS	
Je prends rendez-vous : ☐ en personne ☐ au téléphone ☐ par courriel ☐	Lieu : Date : Heure : Durée :

PRÉPARATION DES QUESTIONS

✓ J'évite les questions fermées (questions qui se répondent par **oui** ou par **non**).

✓ Je rédige des questions ouvertes.

✓ Les questions ouvertes **ne** commenceront **pas** par des verbes. Elles commenceront par : *Qu'est-ce que...Comment... Pourquoi... Où... Quand...*

✓ Je prévois une question pour conclure l'entrevue.

✓ Je prévois un mot de remerciements que je prononcerai à la fin de l'entrevue.

✓ Je choisis mes questions.
✓ Je les organise dans un ordre logique.
✓ Je les écris en laissant de l'espace pour prendre des notes.

✓ Je me prépare en vue de faire l'entrevue en lisant les questions à voix haute.
✓ J'adopte une bonne posture et j'évite de dire trop souvent «euh».

L'ENTREVUE

✓ Je choisis un mode de fonctionnement parmi les suivants :
- ☐ prendre des notes pendant l'entrevue
- ☐ enregistrer l'entrevue sur bande audio
- ☐ enregistrer l'entrevue sur bande vidéo

Si je désire enregistrer l'entrevue sur bande audio ou vidéo, je dois d'abord obtenir l'autorisation de la personne que j'interroge.

Pour prendre des notes rapidement, je prépare des codes correspondant aux mots fréquemment utilisés.

plus	+	parce que	pcq		
moins	-				

✓ J'écoute attentivement les réponses de la personne que j'interroge.
✓ Je prends des notes rapidement. Je note les mots importants.
✓ Après l'entrevue, je relis et je complète mes notes.

LA RÉDACTION

✓ Je retranscris mes notes.
✓ J'élimine les répétitions.
✓ Je prépare une introduction en me posant les questions ci-dessous.

Qui? Quoi?	Où?	Quand?	Comment?	Pourquoi?

✓ Je prépare le corps du texte.
✓ J'écris les questions et les réponses.

Conseil : À l'aide de mon traitement de texte, je choisis des styles de police différents pour distinguer les questions des réponses.

Par exemple : **Question**
Réponse

Mon déménagement
Pages 73 et 74

RAISONNEMENT — Questions à répondre à l'aide des idées du texte.

☐ Dans la lettre de Valérie, trouve les réponses aux questions suivantes.

   a) Qui sont les destinataires de sa lettre?

   b) Pourquoi Valérie a-t-elle écrit cette lettre?

   c) Comment Valérie a-t-elle fait rire les élèves de son nouveau groupe-classe?

   d) Quel est le sport préféré de Valérie?

☐ Fais la liste des activités parascolaires parmi lesquelles Valérie se propose de faire des choix.

☐ Dégage un trait de caractère de Valérie. Utilise des passages de sa lettre pour justifier ta réponse.

☐ Quel événement embarrassant est arrivé à Valérie à sa nouvelle école?
À la suite de cet événement embarrassant, qui a réussi à rassurer Valérie et comment l'a-t-il fait?

☐ Trouve un plus petit mot compris dans chacun de ces mots, rencontrés dans la lettre de Valérie. Souvent, un plus petit mot compris dans un autre peut aider à la compréhension de ce dernier. Retrace les mots ci-dessous dans la lettre, note les petits mots qui s'y trouvent, et, à l'aide de ces derniers, explique le sens des mots.

Mots	Petit mot	Explication
basculé		
parascolaires		
financièrement		
artistique		

COMMUNICATION — Questions à répondre à l'aide des idées du texte et des connaissances et expériences personnelles.

☐ D'après Valérie, quelle est la meilleure façon de rencontrer des nouveaux amis? Pourquoi? Qu'en penses-tu?

☐ Dans le premier paragraphe de sa lettre, quel sentiment exprime Valérie? Raconte un incident dans ta vie où tu as éprouvé le même sentiment.

☐ En tenant compte de la lettre de Valérie, attribue un trait de caractère à Dominique, à Philippe et à Amélie. Associe ces mêmes traits de caractère à trois différentes personnes de ton groupe-classe. Explique la raison pour laquelle tu penses ainsi.

☐ Quel trait de caractère est le plus apprécié chez toi par ta meilleure amie ou ton meilleur ami? Explique pourquoi.

☐ Valérie s'est sentie embarrassée lorsqu'elle a basculé avec sa chaise. Raconte un événement de ta vie où tu t'es senti embarrassé. N'oublie pas d'expliquer la manière dont tu as surmonté ton embarras.

☐ Valérie croit que les sports et les activités en groupe sont la meilleure façon de rencontrer des amis. Peux-tu lui suggérer au moins deux autres façons de rencontrer des amis?

☐ Valérie aimerait participer à une activité parascolaire, mais ne sait pas laquelle choisir. Relis la liste des activités disponibles et choisis celle qui te semble la meilleure pour elle. Donne au moins trois raisons qui justifient ton choix.

ORGANISATION DES IDÉES — Questions pour montrer la compréhension de l'organisation du texte.

☐ Relis la lettre d'amitié et note les idées principales en style télégraphique dans un tableau comme celui ci-dessous.

Lieu et date	
Formule d'appel	
M e s s a g e	
Salutation	
Signature	

☐ Explique le choix de l'illustration qui accompagne la lettre de Valérie.

☐ Explique le choix de la salutation utilisée par Valérie dans sa lettre. Propose une nouvelle formule de salutation appropriée à cette lettre.

RESPECT DES CONVENTIONS LINGUISTIQUES — Questions pour montrer la compréhension des conventions linguistiques apprises.

☐ Dans un texte, on utilise des expressions ou des mots de relation tels que *enfin, ensuite, depuis que, lorsque* pour passer d'une idée à une autre ou pour unir deux phrases entre elles.
Exemples : Tous les élèves ont éclaté de rire, **mais** monsieur Normand s'est empressé de me rassurer.

Depuis que je suis déménagée, je m'ennuie beaucoup de vous.

Avec un ou une partenaire, utilise, dans un court texte, les mots de relation suivants :
en premier, donc, finalement

☐ Imite la structure des phrases ci-dessous en changeant les mots en italique. Respecte la ponctuation qui indique que quelqu'un parle.
Exemple : *Monsieur Normand*, mon *enseignant*, m'a demandé de *me présenter au groupe-classe*.
Patrick, mon cousin, m'a demandé de lui envoyer une carte postale.

a) *Il* a dit : «Ne t'en fais pas, chacun a *sa façon de se présenter*.»

b) *Il* a dit : «Toi, tu as choisi de *faire une entrée un peu originale*, c'est tout.»

☐ Complète les phrases ci-dessous en utilisant un de ces homophones.

ma (adjectif possessif)	**m'a** (élision d'un pronom personnel complément suivi du verbe *avoir*)
Il est suivi d'un groupe nominal.	Il est suivi d'un participe passé.
On peut le remplacer par ta.	*On peut le remplacer par* m'avait.

a) Je suis arrivée à _____ nouvelle école.

b) Mon enseignant _____ demandé de me présenter.

c) En me levant, _____ chaise a basculé.

d) Devinez ce qu'il _____ répondu pour me taquiner.

e) Il _____ dit qu'il s'appelait Pablo et _____ invitée à faire partie de son équipe de soccer.

☐ Valérie vient de déménager et elle découvre son nouveau quartier. Pour décrire ses allées et venues, elle utilise les verbes *partir*, *aller* et *venir*. Prépare le tableau de conjugaison de ces trois verbes au passé composé et au futur simple de l'indicatif.

☐ Reproduis le tableau ci-dessous. Trouve des mots de la même famille et classe-les dans le tableau.

Noms	Verbes	Adjectifs	Adverbes
nouveauté, innovation, novateur, novatrice	innover, rénover	nouveau, nouvelle	nouvellement
	déménager		
ami			
		sportive	
voisin			
			financièrement

ÉCRITURE (tâches ouvertes)

☐ Imagine que Valérie est ta meilleure amie. Réponds à sa lettre en lui racontant ce qui s'est passé depuis son départ.

☐ Pour consoler Valérie de son petit accident avec sa chaise, compose quelques blagues qui décrivent des situations cocasses et envoie-lui le tout par la poste avec un petit mot gentil. N'oublie pas d'ajouter des illustrations à chacune de tes blagues.

☐ Compose un petit poème de quatre à huit vers pour quelqu'un que tu aimes. Tu peux décrire cette personne en parlant de ses qualités. Écris ton poème sous la forme d'un calligramme. Donne ton poème à la personne en question.

☐ Ta meilleure amie ou ton meilleur ami déménage. Écris un paragraphe pour exprimer ce que tu ressens.

COMMUNICATION ORALE (tâches ouvertes)

☐ À l'aide de coupures de magazines, de journaux ou autres, fais un collage d'illustrations qui ont un lien quelconque avec ta meilleure amie ou ton meilleur ami. Présente-lui ce collage en expliquant les raisons de ton choix d'illustrations.

☐ Choisis six personnes de ton groupe-classe qui seraient en faveur d'une des sept activités parascolaires auxquelles pense participer Valérie. Demande-leur de penser à plusieurs bons arguments en faveur de l'activité choisie. À tour de rôle, donnez votre avis quant au choix de l'activité en question. À l'aide des arguments donnés, décidez ensemble l'activité que Valérie devrait choisir.

☐ Choisis la photo de toi que tu préfères. Imagine que tu l'envoies à ta meilleure amie ou à ton meilleur ami qui habite maintenant au loin. Raconte ce qui s'est passé lors de la prise de cette photo. N'oublie pas d'ajouter les éléments importants que voici : à quelle occasion était-ce? où avait-elle lieu? qui a pris cette photo? pourquoi est-ce ta photo préférée?

Quel beau voyage!
Pages 75 à 77

RAISONNEMENT — Questions à répondre à l'aide des idées du texte.

☐ Dans la lettre de Maxime, trouve les réponses aux questions suivantes.

a) Qui est allé en voyage? Où cette personne est-elle allée?

b) Comment Maxime et Nathanaël se sont-ils rencontrés?

c) Les deux garçons habitent la capitale de leur pays respectif. Quelles sont ces capitales et leur pays?

d) Comment Maxime décrit-il le centre-ville d'Ottawa le jour de la fête nationale, le 1er juillet?

☐ Dans la lettre, on découvre de l'information portant sur les pays des deux correspondants. Prépare un tableau pour noter cette information.

☐ Explique la raison pour laquelle Maxime dit que le Canada est un pays multiculturel.

☐ Que signifient les expressions et les mots ci-dessous? Explique à l'aide de mots dans le texte ou à l'aide de petits mots compris dans le mot à définir.
Tout un périple! – correspondant – coin du globe – multiculturalisme – identique – cantons

COMMUNICATION — Questions à répondre à l'aide des idées du texte et des connaissances et expériences personnelles.

☐ Maxime fait allusion à un monde où toutes les personnes seraient pareilles. Que pense-t-il d'un tel monde? Toi, qu'en penses-tu?

☐ Que veut dire le père de Maxime quand il dit que son fils a une «imagination débordante»? Connais-tu quelqu'un qui a aussi une imagination débordante? Décris cette personne.

☐ Un ami ou une amie d'outre-mer, comme Nathanaël, vient te visiter en Ontario. Choisis la saison que tu préfères pour sa visite. Dresse un horaire des grands événements auxquels assister et des endroits à visiter en lui expliquant pourquoi tu les as choisis.

☐ Maxime dit qu'il y a une grande distance qui le sépare de Nathanaël. Que veut-il dire? Selon toi, quels moyens peut-il utiliser pour se sentir plus près de son ami?

☐ Maxime a fait un beau voyage pour découvrir l'Europe. On ne peut pas toujours faire de tels voyages! Quels autres moyens pouvons-nous utiliser pour connaître différentes cultures et d'autres pays?

☐ Maxime dit que notre langue est bien vivante. Que veut-il dire? Comment peux-tu faire voir à des gens qui visitent l'Ontario que notre langue est vivante?

☐ Quel genre de lettres d'amitié aimes-tu recevoir? longues? courtes? renfermant des secrets? contenant des nouvelles? accompagnées de photos? Que penses-tu de la lettre de Maxime?

ORGANISATION DES IDÉES — Questions pour montrer la compréhension de l'organisation du texte.

☐ Outre le message qui forme le corps de la lettre, note les éléments complémentaires qui complètent cette forme de discours.

Ville et date	
Formule d'appel	
Message	
Formule de salutation	
Signature	

☐ Maxime a plusieurs paragraphes dans sa lettre. Explique pourquoi il a autant de paragraphes.

☐ Qui est l'expéditeur de la lettre? Qui en est le destinataire? Comment la lettre se rendra-t-elle à destination? Consulte un atlas pour estimer le nombre de kilomètres que cette lettre devra parcourir.

RESPECT DES CONVENTIONS LINGUISTIQUES — Questions pour montrer la compréhension des conventions linguistiques apprises.

☐ *Et depuis, elles n'ont jamais cessé de s'écrire.* (2ᵉ paragraphe)
Dans cette phrase, quel est le pronom et pourquoi est-il au pluriel?

☐ Outre les mots en début de phrase, examine les autres mots qui commencent avec une lettre majuscule dans ce texte. Prépare un tableau pour noter ces mots et les classer.

Les noms propres de personnes	Les noms propres de lieux	Les noms désignant les habitants d'un pays, d'une province, d'une ville...

Remarque que le nom d'une langue ne prend pas de majuscule. Exemple : *quelques mots allemands*.

☐ Ajoute un des pronoms démonstratifs *celui, celle, ce, ceux* ou *celles* aux phrases suivantes :

a) Pour parcourir une distance comme _____-là, un balai n'est pas trop confortable.

b) _____ sera à ton tour de venir découvrir mon pays.

c) La fête nationale de la Suisse est au mois d'août et _____ du Canada, au mois de juillet.

d) Tous _____ que j'ai rencontré étaient très gentils.

e) _____ que je préfère, c'est le voyage en train.

f) _____ que je préfère, c'est la sortie à vélo.

☐ Voici un tableau des pronoms possessifs. Reproduis et remplis le tableau.

le mien _____ les miens les miennes	le tien la tienne _____ les tiennes	le sien la sienne les siens _____
le ou la nôtre les nôtres	_____ les vôtres	le ou la leur _____

Complète les phrases ci-dessous en utilisant le bon pronom possessif.

Exemple : C'est grâce à nos mères si nous nous connaissons. C'est grâce aux *nôtres*.

a) J'ai beaucoup aimé ton coin du globe. J'ai aimé _____.

b) C'est le balai d'une sorcière. C'est _____.

c) Le français et l'anglais sont nos langues officielles. Ce sont _____.

d) L'Ontario, c'est ma province. C'est _____.

e) Notre langue est bien vivante. C'est _____.

ÉCRITURE (tâches ouvertes)

☐ Écris une lettre d'amitié à une personne francophone d'un pays de la francophonie. Tu peux trouver des correspondantes et correspondants grâce à Internet.

☐ Décris ta région et les activités auxquelles tu participerais avec une personne invitée d'outre-mer.

COMMUNICATION ORALE (tâches ouvertes)

☐ Prépare un message d'amitié sur cassette audio pour une personne de ton entourage. Emballe la cassette avec soin et offre-la à cette personne.

☐ Lorsqu'on communique avec des camarades, on peut se servir du téléphone. Exerce-toi, avec un ou une partenaire, à utiliser des formules qui se prêtent bien aux conversations téléphoniques. Ajoute des expressions à la liste qui suit et méfie-toi des anglicismes!
Bonjour – Puis-je parler à – Un instant s'il vous plaît...

Une excursion
Pages 78 et 79

RAISONNEMENT — Questions à répondre à l'aide des idées du texte.

☐ Dans la lettre de Nicole, trouve les réponses aux questions suivantes :

   a) Qui est Carole?

   b) Qui a fait une excursion? Où a eu lieu cette excursion?

   c) Pourquoi Nicole s'intéresse-t-elle aux Premières Nations?

   d) Combien de temps, environ, Nicole et Carole doivent-elles attendre avant de se revoir?

☐ Fabrique une maquette de la communauté objibwé de l'Île-aux-Chrétiens, à l'aide des faits donnés dans le texte.

☐ Estime l'âge de Carole. Justifie ta réponse.

COMMUNICATION — Questions à répondre à l'aide des idées du texte et des connaissances et expériences personnelles.

☐ Pourquoi penses-tu que des terrains sont loués aux Amérindiens?

☐ *Comment deux peuples peuvent-ils vivre à la fois si près et si loin l'un de l'autre? Que veut dire Nicole?*

☐ Nicole écrit une lettre d'amitié à sa fille. Est-ce qu'une mère et une fille peuvent être amies? Explique.

☐ Connais-tu d'autres moyens de rester en contact avec les gens qu'on aime? Quel moyen préfères-tu? Pourquoi?

☐ Consulte une carte de l'Ontario et trouve où se situent Lafontaine et l'Île-aux-Chrétiens. Quelle distance sépare les deux endroits?

ORGANISATION DES IDÉES — Questions pour montrer la compréhension de l'organisation du texte.

☐ Retrace l'itinéraire de l'excursion à l'Île-aux-Chrétiens.

☐ Note les éléments d'organisation de cette lettre d'amitié. Écris l'idée principale de chaque paragraphe du corps de la lettre.

Ville et date	
Formule d'appel	
M e s s a g e	
Formule de salutation	
Signature	

RESPECT DES CONVENTIONS LINGUISTIQUES — Questions pour montrer la compréhension des conventions linguistiques apprises.

☐ Les mots de relation sont utilisés pour marquer une transition dans un texte. Par exemple, dans le premier paragraphe, Nicole dit «**En fait**, *je reviens d'une excursion...*». Fais la liste des mots de relation que tu peux trouver dans le texte.

☐ Justifie l'utilisation des majuscules et des minuscules dans les mots ci-dessous et trouve un autre exemple qui suit la même règle que chacun d'entre eux.
septembre, Île-aux-Chrétiens, communauté autochtone objibwé, Amérindiens, Lafontaine, Premières Nations, Action de grâces

☐ Complète le paragraphe ci-dessous en utilisant des mots de ton choix.
Depuis hier, je _____ Je me sens _____ Lorsqu'on se reverra à _____, j'espère que tu _____ D'ici là, j'espère que _____ .

ÉCRITURE (tâches ouvertes)

☐ Carole veut surprendre sa mère en lui donnant plus d'informations sur les Premières Nations. Réponds à la lettre de Nicole en incluant quelques informations au sujet des Premières Nations.

☐ Écris une lettre d'amitié où tu racontes une sortie, une excursion ou un voyage.

☐ Prépare le menu complet d'un pique-nique. Note les recettes nécessaires pour cuisiner les mets choisis.

COMMUNICATION ORALE (tâches ouvertes)

☐ C'est un souper de fête en famille. Avec des partenaires, présente une saynète humoristique.

☐ Imagine que toi et ta ou ton partenaire êtes des personnes âgées assises à l'entrée d'un magasin. Tenez un dialogue fictif possible, mais en français!

Fiche de planification du dossier d'écriture

Je prépare la rédaction d'une lettre d'amitié.

Lieu	et date
	,

Formule d'appel	
	Bonjour..., Cher..., Chère..., Chers..., Salut..., Mon cher..., Ma chère...,

M e s s a g e	*nouvelles depuis le dernier échange...* *un retour sur la dernière lettre, sur la dernière conversation...*
	des idées, des impressions, des sentiments à échanger...
	des questions à poser... une invitation... une demande de réponse...

Salutation	
	Amitié, À bientôt, Amicalement, Ton ami fidèle, Ta meilleure amie,

Signature

✓ Organise les idées de ton message en paragraphes.

✓ Soigne ta calligraphie.

✓ Décore ton papier à lettre.

La météo
Page 80

RAISONNEMENT — Questions à répondre à l'aide des idées du texte.

☐ La lettre de B. Cinanni est une lettre de remerciements. À qui sont destinés les remerciements? Pourquoi?

☐ Dans la lettre, trouve les réponses aux questions suivantes :

a) Qu'est-ce qu'un Cessna?

b) Qui est B. Cinanni?

c) Décris le temps qu'il a fait la journée où l'expédition était prévue.

d) Quel service offre Météo Média?

e) B. Cinanni termine sa lettre par une résolution. Laquelle?

☐ Pourquoi la fille aînée voulait-elle que son père vérifie les prévisions météorologiques?

☐ Imagine la conversation entre la fille aînée et son père le matin de l'expédition en avion. Avec un ou une partenaire, joue un jeu de rôle pour reproduire cette conversation.

☐ Fais une caricature de la personne qui a dit : «Je n'en croyais pas mes yeux.» Explique ce que cette personne devait ressentir.

☐ Trouve, à l'aide du texte, les mots qui correspondent aux définitions ci-dessous. Ces mots sont classés par ordre alphabétique. Trouve ensuite ces mots dans la grille et encercle-les. Une fois tous ces mots encerclés, les lettres et les symboles qui restent dans la grille forment la réponse au défi, soit l'adresse d'un site Internet des plus utiles.

C'est le plus âgé des enfants d'une famille _ _ _ _ (4)

Supprimé _ _ _ _ _ _ (6)

Appareil destiné au transport aérien _ _ _ _ _ (5)

Tranquille _ _ _ _ _ (5)

Formule par laquelle on commence une lettre à un ami _ _ _ _ (4)

Partie de l'espace que l'on voit au-dessus de notre tête _ _ _ _ (4)

Se dit d'un ciel sans nuages _ _ _ _ _ _ (6)

Dorénavant _ _ _ _ _ _ _ _ _ (9)

Voyage d'exploration exigeant de grands préparatifs _ _ _ _ _ _ _ _ _ _ (10)

Dispositions que l'on prend pour se préparer _ _ _ _ _ _ _ _ _ _ _ (11)

Exposé de conditions météorologiques attendues _ _ _ _ _ _ _ _ _ _ (10)

Amélioration _ _ _ _ _ _ _ (7)

Territoire _ _ _ _ _ _ (6)

Chaîne _ _ _ _ _ _ (6)

Zone, territoire _ _ _ _ _ _ _ (7)

Ce que l'on rend pour être utile à quelqu'un _ _ _ _ _ _ _ (7)

Astre qui produit la lumière du jour _ _ _ _ _ _ (6)

Ensemble des facteurs météorologiques _ _ _ _ _ (5)

Surveillance _ _ _ _ _ _ (6)

Déplacement de l'air atmosphérique _ _ _ _ (4)

Dynamisme, vitalité _ _ _ _ _ _ _ (7)

Brutal _ _ _ _ _ _ _ (7)

Moyen d'expression comme la presse ou la télévision _ _ _ _ _ (5)

Formule de remerciements _ _ _ _ _ (5)

Étude des phénomènes atmosphériques pour tenter d'établir des prévisions d'état du temps _ _ _ _ _ (5)

Indispensable _ _ _ _ _ _ _ _ _ _ (10)

Perturbation atmosphérique violente, accompagnée d'éclairs, de tonnerre, de rafales, d'averses de pluie ou de grêle _ _ _ _ _ (5)

Pluie, neige et grêle _ _ _ _ _ _ _ _ _ _ _ _ _ _ (14)

Paroles contenant l'annonce d'un événement futur _ _ _ _ _ _ _ _ _ _ _ (11)

Annoncer ce qui doit arriver _ _ _ _ _ _ _ (7)

Piloter _ _ _ _ _ (5)

Organes de la vue _ _ _ _ (4)

P	R	E	C	I	P	I	T	A	T	I	O	N	S	H
T	R	E	H	C	P	R	E	D	I	R	E	T	P	:
S	A	E	/	Y	/	V	O	E	T	E	M	W	W	W
N	N	.	P	M	E	R	I	A	S	S	E	C	E	N
O	N	O	S	A	U	U	V	O	L	E	R	S	O	V
I	U	E	I	I	R	A	X	R	L	T	C	N	R	I
G	L	E	O	S	A	A	E	S	U	E	I	O	A	G
E	E	.	E	S	I	M	T	S	E	E	N	I	G	U
R	V	E	N	T	P	V	R	I	E	R	T	T	E	E
C	A	V	I	O	N	M	E	O	F	R	V	C	A	U
S	O	L	E	I	L	.	E	R	S	S	C	I	E	R
G	.	V	E	I	L	L	E	T	P	E	N	D	C	S
E	X	P	E	D	I	T	I	O	N	E	D	E	I	E
M	E	D	I	A	E	G	A	G	E	D	C	R	E	A
E	M	L	A	C	S	E	R	G	O	R	P	P	L	/

☐ «*Les météorologues affirmaient avec assurance...*» Jusqu'à quel point peut-on se fier aux prédictions météorologiques? Donne des exemples dont tu as été témoin.

☐ Que penses-tu du dicton «Mieux vaut prévenir que guérir»? Comment cela s'applique-t-il à la situation décrite dans la lettre.

☐ Nomme une activité pour laquelle il est très sage de vérifier les prévisions de la météo au préalable, et dis pourquoi il en est ainsi.

☐ Quelle importance accordes-tu aux prévisions météorologiques? Comment t'informes-tu des prévisions? À quelle fréquence? Effectue un sondage dans ta famille et compare les réponses à ces questions.

☐ Tiens compte de la justesse des prévisions publiées dans le journal pendant une semaine. Discute de tes résultats avec ton équipe.

☐ Penses-tu que les prédictions météorologiques seront précises et justes à cent pour cent un jour? Explique ton opinion.

☐ Imagine que tu es météorologue et que tu viens de recevoir la lettre de B. Cinanni. Réponds à la lettre pour féliciter cette personne d'avoir consulté Météo Média avant de partir en voyage.

☐ Classe les vents ci-dessous dans un tableau de Carroll comme celui ci-après.
bise, sirocco, blizzard, brise, rafale, typhon, bourrasque, cyclone, ouragan, chinook

VENTS	Légers	Violents	Dévastateurs
Froids			
Chauds			

☐ Tu planifies un voyage dans les tropiques et tu prévois partir dans deux semaines. Tu consultes un service de météo dans Internet qui prétend faire des prédictions très sûres pour une période de deux semaines. On te prédit du soleil toute la semaine. Est-ce que tu fais confiance à ces prédictions? Pourquoi? Où peux-tu obtenir davantage d'information?

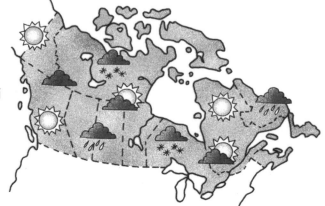

☐ As-tu déjà planifié une activité en tenant compte des prédictions météorologiques, qui se sont malheureusement avérées fausses? Comment cela a-t-il influencé tes plans? Comment se fait-il que la météo soit difficile à prévoir? Qu'est-ce qui est facile à prévoir dans le domaine de la météo?

ORGANISATION DES IDÉES — Questions pour montrer la compréhension de l'organisation du texte.

- [ ] Examine attentivement le contenu et l'organisation de la lettre pour répondre à ces questions.
    - a) Où habite B. Cinanni? Où se trouve cette information dans la lettre?
    - b) Quelle formule d'appel est utilisée par B. Cinanni dans sa lettre de remerciements?
    - c) La lettre voyage-t-elle à l'intérieur de la même ville, de la même province et du même pays? Comment le sais-tu?

- [ ] Prépare l'enveloppe pour envoyer cette lettre. Illustre le timbre avec un dessin approprié.

- [ ] Note, en style télégraphique, le contenu de la lettre. Présente les informations dans un tableau.

Lieu	et	date

Nom, titre et adresse complète de la ou du destinataire, si c'est une lettre formelle.

Formule d'appel

M e s s a g e	Le pourquoi de la lettre – se présenter et expliquer la raison de la correspondance
	Les détails nécessaires pour comprendre la lettre
	Les remerciements

Salutation

Signature

RESPECT DES CONVENTIONS LINGUISTIQUES — Questions pour montrer la compréhension des conventions linguistiques apprises.

☐ Dans le texte, trouve un exemple de chacun de ces types de phrases :
  – une phrase exclamative
  – une phrase négative
  – une phrase affirmative

☐ Conjugue les verbes ci-dessous au présent de l'impératif.
  planifier, regarder, finir, être, savoir

☐ *Je* voudrais **vous** remercier pour le service important que **vous nous** offrez.
  Trouve cette phrase dans la lettre. Écris le nom remplacé par chacun des pronoms en caractères gras.

☐ Pour chaque adjectif de la liste ci-contre, trouve le nom qu'il qualifie dans la lettre. Écris le nom et l'adjectif, et classe-les dans un tableau selon que l'adjectif est avant ou après le nom.
  petit, superbe, calmes, idéales, aînée, premier, violents, important

☐ Complète le texte en remplaçant les astérisques (***) par le nom d'une ville ontarienne et en remplaçant les lignes par un des mots suivants :
  averses, brouillard, couvert, éclaircies, ensoleillé, nuageux, neige, orage

  *** sera_____ avec quelques_____ en fin de journée. À ***, on peut s'attendre à de la _____. *** devrait être_____. Le temps _____ à *** avec des risques d'_____. Du_____ à *** en matinée qui sera suivi de nombreuses_____ dans l'après-midi. N'oubliez pas votre parapluie!

☐ Complète les phrases en mettant les verbes entre parenthèses au futur simple de l'indicatif.
  a) Ce soir, une dépression (donner) des chutes de neige sur la Saskatchewan.
  b) La Nouvelle-Écosse (avoir) droit à de la pluie et à des orages.
  c) Demain, il (fera) 22 °C à Welland.
  d) Dans les prochains jours, vous (pouvoir) construire des bonshommes de neige.
  e) Nous (écrire) une lettre de remerciements.

☐ Trouve les mots de relation, dans le texte et ailleurs, qui évoquent une date, une époque ou une fréquence.

Une date	Une époque (avant, pendant ou après)	Une fréquence
avant-hier	auparavant	quelquefois
le surlendemain	plus tard	souvent
	maintenant	

ÉCRITURE (tâches ouvertes)

☐ Écris une lettre de remerciements à un organisme public ou privé offrant un service que tu juges important. Respecte bien les caractéristiques d'une lettre de remerciements et envoie-la.

☐ Invente un jeu avec des mots de vocabulaire qui se rapportent au thème de la météo.

☐ Imagine que la famille Cinanni était partie en Cessna malgré la veille météo en vigueur. Écris une courte saynète qui raconte ce qui se serait passé. Tu peux ajouter les membres de la famille qui ne sont pas mentionnés dans la lettre.

☐ On parle d'un avion de type Cessna. Fais une recherche pour trouver les ressemblances et les différences entre ce genre d'avion et un Boeing ou une montgolfière.

☐ Plusieurs dictons et proverbes contiennent des références aux phénomènes météorologiques. Fais une collecte de ces expressions en questionnant ton entourage et en cherchant dans le dictionnaire. Note tes trouvailles dans un recueil collectif. Exemples : «Le calme après la tempête.», «Après la pluie, le beau temps.»

COMMUNICATION ORALE (tâches ouvertes)

☐ *Merci beaucoup!*
L'expression *grâce à* exprime la gratitude, la reconnaissance. On ne devrait donc pas l'employer pour parler de malheur ou d'un événement désagréable. Par exemple, il ne faut pas dire «J'ai perdu *grâce à* vous», mais «J'ai perdu *à cause de vous*». Toutefois, on peut dire «j'ai gagné *grâce à* vous».
Prépare une liste d'expressions qui expriment la gratitude et la reconnaissance.

☐ Prépare un bulletin de météo pour annoncer une importante veille météorologique. Explique le phénomène qui menace la région et donne des conseils aux auditeurs et aux auditrices pour assurer leur sécurité.

☐ Examine le travail des météorologues à la télévision. Imagine que tu es, toi aussi, météorologue à la télévision. Renseigne-toi quant aux prévisions du jour et présente ta chronique devant le groupe-classe.

Merci tante Lucie!

Page 81

RAISONNEMENT — Questions à répondre à l'aide des idées du texte.

☐ Dans la lettre, trouve les réponses aux questions suivantes :

a) Dans quelle matière Patrick éprouvait-il des difficultés?

b) Pourquoi Patrick n'osait-il pas poser des questions en salle de classe?

c) Nomme deux prédictions de tante Lucie qui se sont réalisées.

d) Comment Patrick se sent-il maintenant? Pourquoi?

☐ Trouve des preuves que...

Patrick s'est confié à quelqu'un.	
Patrick a suivi les conseils de tante Lucie.	
Patrick a rendu d'autres camarades de classe heureux.	
Patrick apprécie beaucoup sa tante Lucie.	

☐ Interprète, avec un ou une partenaire, ce qui est raconté dans le deuxième paragraphe de la lettre.

☐ Pendant qu'un ou une partenaire lit la lettre à voix haute, joue le rôle de Patrick et transmets le contenu de la lettre de façon gestuelle.

COMMUNICATION — Questions à répondre à l'aide des idées du texte et des connaissances et expériences personnelles.

☐ Explique les raisons pour lesquelles Patrick ne posait pas de questions. Énumère d'autres raisons qui peuvent empêcher un ou une élève de poser des questions en salle de classe.

☐ Selon toi, que serait-il arrivé si Patrick n'avait jamais eu le courage d'aller voir son enseignante pour lui expliquer ses difficultés?

C'est simple comme 2+2...

a+b=c

?!?

☐ En équipe, faites un remue-méninges portant sur tous les conseils qui permettent d'augmenter la confiance en soi en salle de classe. Affichez ces conseils dans la salle de classe par la suite.

☐ On oublie parfois de remercier les gens qui nous entourent. Qui voudrais-tu remercier? Pourquoi?

ORGANISATION DES IDÉES — Questions pour montrer la compréhension de l'organisation du texte.

☐ Relis attentivement la lettre de remerciements. Élabore le plan de cette lettre en relevant les différents éléments qui la composent.

☐ Décris les trois étapes que Patrick a choisi de suivre pour régler ses difficultés en salle de classe.

☐ Il existe plusieurs types de lettres et de messages. Prépare un tableau comme celui ci-dessous et compare quelques types de lettres ou messages à la lettre de remerciements.

Types de lettres	Ressemblances à la lettre de remerciements	Différences de la lettre de remerciements
Invitation		
Lettre d'amitié		
Carte postale		
Carte de souhaits		

RESPECT DES CONVENTIONS LINGUISTIQUES — Questions pour montrer la compréhension des conventions linguistiques apprises.

☐ Sans consulter un dictionnaire, trouve le sens des mots ci-dessous et nomme la stratégie qui t'a semblé la plus utile pour le découvrir.

Mots	Sens ou synonyme	Stratégies Ça ressemble à… Dans la même phrase il y a… Le petit mot compris dans le mot est…
confus		
signaler		
dorénavant		
conseiller		
souciais		

☐ Souligne les verbes conjugués et note le mode et le temps de conjugaison. Encadre les verbes à l'infinitif.

a) Le mois dernier, je t'avais parlé des difficultés que j'avais à comprendre les mathématiques.

b) Je n'osais pas poser des questions parce que j'avais peur d'avoir l'air ridicule.

c) J'apprécie énormément le temps que tu as pris pour me conseiller.

d) Tu m'as vraiment montré que tu te souciais de moi.

☐ Transforme les phrases ci-dessous, sans en changer le sens, en déplaçant le(s) complément(s) du verbe.

a) Le mois dernier, je t'avais parlé des difficultés que j'avais à comprendre les mathématiques.

b) Je n'osais pas poser des questions parce que j'avais peur d'avoir l'air ridicule.

c) Comme tu m'avais dit, elle m'a suggéré de ne pas attendre pour lui signaler que ça n'allait pas.

d) Je dois te dire que, depuis ce temps, les choses vont beaucoup mieux.

e) J'aimerais sincèrement te remercier, tante Lucie.

☐ Avec un ou une partenaire, note des phrases de la lettre qui contiennent les compléments suivants :

a) un complément d'objet direct – souligne le complément d'objet direct en rouge et encercle le verbe.

b) un complément d'objet indirect – souligne le complément d'objet indirect en bleu et encercle le verbe.

c) un complément circonstanciel de temps – souligne le complément circonstanciel en vert et encercle le verbe.

☐ Choisis un des groupes de mots invariables et compose une phrase avec chacun des mots du groupe.

afin que	après	alors
dès que	auprès	dès lors
parce que	exprès	dehors
pourvu que	près de	lors de
tandis que	très	lorsque

ÉCRITURE (tâches ouvertes)

☐ Pense à quelqu'un qui t'a rendu un service, qui t'a aidé à accomplir une tâche ou à quelqu'un qui a été particulièrement gentil avec toi dernièrement. Rédige une lettre de remerciements à son intention. Termine ta lettre par une salutation qui montre ta reconnaissance. N'oublie pas de signer ta lettre et de l'envoyer, si tu le désires.

☐ Écris un message publicitaire qui encouragera les élèves de ton groupe-classe ou de ton école à poser des questions en salle de classe.

☐ Prépare un petit guide indiquant la façon de dire merci en plusieurs langues. Consulte des dictionnaires de traduction ou Internet pour trouver ce petit mot en plusieurs langues.

COMMUNICATION ORALE (tâches ouvertes)

☐ Enregistre une conversation téléphonique avec un ou une partenaire. Un ou une d'entre vous jouera le rôle de Patrick et l'autre, celui de tante Lucie. N'oublie pas d'utiliser les formules d'usage qui s'imposent en début de conversation, p. ex., «Bonjour, puis-je parler à...».

☐ En équipe de deux, participe à une conversation au sujet des effets positifs qu'ont les remerciements dans la vie courante. Discute aussi de situations réelles où tu aurais aimé recevoir des remerciements. Tente ensuite d'expliquer la raison pour laquelle les gens ne prennent pas toujours le temps de remercier les autres.

☐ En équipe, discutez de scénarios possibles concernant des personnages publics et fictifs qui pourraient remercier des gens connus. Notez vos meilleures idées dans un tableau comme celui ci-dessous.

Expéditeur ou expéditrice (la personne qui envoie la lettre)	Destinataire (la personne à qui la lettre est adressée)	Raison du remerciement
Le Petit Chaperon rouge	Le garde-chasse	Pour lui avoir sauvé la vie

Un bon roman
Pages 82 et 83

RAISONNEMENT — Questions à répondre à l'aide des idées du texte.

☐ Dans la lettre, trouve les réponses aux questions suivantes :

a) À qui Mathieu Potvin écrit-il une lettre? Pourquoi?

b) Quel livre Mathieu a-t-il lu? Quel genre de livre est-ce?

c) Dans le roman *Le voyage dans le temps*, quel est l'objet qui possède des pouvoirs magiques? Quels sont ces pouvoirs?

d) À quel moment précis de l'histoire Mathieu a-t-il eu peur?

☐ Quelles expressions Mathieu utilise-t-il pour dire :

a) des histoires invraisemblables;

b) qu'il était très intéressé à l'histoire qu'il a lu;

c) qu'il aime les livres d'action;

d) qu'il était content de ne pas être à la place des personnages de l'histoire.

☐ Qu'est-ce que Mathieu a accompli malgré son jeune âge?

☐ Dans le deuxième paragraphe de sa lettre, quel sentiment Mathieu exprime-t-il à l'auteur? Quelle expression utilise-t-il pour dire qu'il *n'a pas pu arrêter de lire* ce roman?

COMMUNICATION — Questions à répondre à l'aide des idées du texte et des connaissances et expériences personnelles.

☐ Explique ce que Mathieu veut dire lorsqu'il écrit qu'il est content de ne pas *être dans les bottines* des personnages de l'histoire. Pense à une autre histoire que tu as déjà lue. Raconte un moment où tu n'aurais pas voulu *être dans les bottines* des personnages de cette histoire.

☐ Aimerais-tu lire un roman où les personnages font un voyage dans le temps? Pourquoi?

☐ Si tu écrivais une lettre à un auteur ou à une auteure pour lui parler d'un livre que tu as déjà lu, de quel livre s'agirait-il? Pourquoi? Raconte ce que tu as particulièrement aimé de ce livre.

☐ Lorsqu'on apprécie un produit ou un service, on ne prend pas toujours le temps de remercier les gens qui en sont responsables. Fais une liste de produits et de services pour lesquels des remerciements seraient de mise, selon toi. Compare ta liste avec celle d'un ou d'une partenaire.

☐ À l'aide des informations comprises dans la lettre de Mathieu, imagine et crée la jaquette du livre *Le voyage dans le temps*. Trouve le livre à la bibliothèque, puis compare la jaquette originale à la tienne et à celle des autres élèves du groupe-classe.

ORGANISATION DES IDÉES — Questions pour montrer la compréhension de l'organisation du texte.

☐ Que précisent les deux premières lignes de la lettre?

☐ Quelle est la formule de salutation que Mathieu utilise à la fin de sa lettre? Trouve d'autres formules de salutation propres à une lettre de remerciements.

☐ Relève les trois questions que Mathieu pose à l'auteur.

☐ Quelles prédictions peux-tu formuler après avoir fait la lecture du premier paragraphe de cette lettre?

RESPECT DES CONVENTIONS LINGUISTIQUES — Questions pour montrer la compréhension des conventions linguistiques apprises.

☐ Dans la lettre, trouve les noms qui sont remplacés par des pronoms.

a) Je vous écris pour vous remercier...

Je remplace : _____, vous remplace : _____.

b) Je dois vous avouer que je n'ai pas pu...

Je remplace : _____, vous remplace : _____.

c) Ils en ont de la chance de voyager...

Ils remplace : _____.

d) Vous les connaissez?

Vous remplace : _____, les remplace : _____.

e) Quelle chance ils ont eu de chausser des bottines qui leur faisaient vivre autant d'aventures!

ils remplace : _____, leur remplace : _____.

f) ... qu'ils se seraient échappés!

ils remplace : _____.

☐ Dans la phrase suivante, *J'ai lu plusieurs livres malgré mon jeune âge*, à quel temps est conjugué le verbe *lire*? Pourquoi penses-tu que Mathieu a utilisé ce temps de verbe? Mets les verbes ci-après au même mode et au même temps : *connaître*, *venir*, *aller*, *réfléchir*, *partir*.

☐ Relève dix adjectifs qualificatifs dans la lettre. Écris chacun d'eux au masculin singulier, au féminin singulier, au masculin pluriel et au féminin pluriel.
Exemple : court, courte, courts, courtes

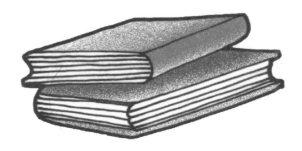

☐ Transforme les phrases ci-dessous en leur ajoutant une construction négative parmi les suivantes.

ne n'	+	plus pas jamais aucun personne rien

a) C'est mon passe-temps préféré.

b) Je lis un livre par semaine.

c) Le genre de livres que j'aime le plus sont ceux où il y a beaucoup d'action.

d) J'aime quand ça bouge.

e) J'apprécie le temps que vous passez à nous écrire des romans.

ÉCRITURE (tâches ouvertes)

☐ Choisis un auteur ou une auteure que tu apprécies. Fais la liste des romans qu'il ou elle a écrits ou fais la liste des héroïnes et héros de ses romans. Invente des jeux (rébus, cryptogrammes, mots cachés, etc.) pour faire connaître ces romans.

☐ Imagine que tu es un personnage de roman. Écris une lettre d'amitié ou une lettre de remerciements à un autre personnage de roman.

☐ Écris une lettre d'amitié ou de remerciements à un personnage de roman. Écris ensuite la lettre qu'elle ou il pourrait t'envoyer en guise de réponse.

☐ Comment dis-tu merci? Fais une liste de moyens que tu utilises pour remercier les gens qui t'entourent.

COMMUNICATION ORALE (tâches ouvertes)

☐ Propose une causerie portant sur le thème des romans jeunesse.

☐ Compose un message publicitaire pour faire connaître un roman à ton goût. Ajoute des éléments visuels et sonores pour convaincre les consommateurs et consommatrices quant à la valeur du livre.

Fiche de planification du dossier d'écriture

Je prépare la rédaction d'une lettre de remerciements.

Lieu	date
	,

Nom, titre Adresse complète de la ou du destinataire (si c'est une lettre formelle)

Formule d'appel *Bonjour..., Monsieur, Madame, Cher..., Chère..., Chers...,*

M e s s a g e	Le pourquoi de la lettre – se présenter et expliquer la raison de la correspondance
	Les détails nécessaires pour comprendre la lettre (une idée par paragraphe)
	Les remerciements

Salutation *Cordialement..., Recevez..., Croyez à..., Agréez..., Je vous prie d'agréer..., Je vous prie de recevoir..., Je vous prie de croire à..., Veuillez croire à..., Veuillez agréer...,* *...mon amical souvenir, ...mes sentiments amicaux, ...mes sincères salutations, ...mes meilleurs sentiments, ...mes sentiments distingués, ...mes sentiments respectueux, ...tous mes remerciements, ...mon profond respect, ...toute ma considération, ...mes salutations les plus sincères*

Signature Adresse complète de l'expéditeur ou de l'expéditrice (si c'est une lettre formelle)

✓ Organise les idées de ton message en paragraphes.

✓ Choisis un papier à lettre approprié.

✓ Soigne ta calligraphie.

Le Chalet des artistes sportifs
Pages 84 et 85

RAISONNEMENT — Questions à répondre à l'aide des idées du texte.

☐ Décris la clientèle cible du Chalet des artistes sportifs.

☐ Comment les organisateurs et les organisatrices du Chalet font-ils pour attirer beaucoup de participantes et de participants?

☐ Retrouve la phrase qui montre que les organisatrices et les organisateurs sont prêts à modifier leur programme pour l'améliorer.

☐ Prépare un grand tableau qui illustre les activités possibles au Chalet des artistes sportifs.

☐ Explique les mots ci-après tirés du texte : *dégustation, nationalités, symphonie, excursions, dédié.*
Utilise les indices dans le texte et des outils de référence pour t'aider.

COMMUNICATION — Questions à répondre à l'aide des idées du texte et des connaissances et expériences personnelles.

☐ Le Chalet des artistes sportifs est à la recherche de nouvelles idées de projets. Prépare une liste d'idées qui feraient du temps passé à cet endroit un franc succès!

☐ Les organisateurs et les organisatrices aimeraient proposer un projet final qui permettrait aux jeunes de connaître les partipantes et les partipants des autres équipes. En te reportant aux activités proposées dans le message publicitaire, quel projet final proposerais-tu qui permettrait à tous et à toutes de travailler ensemble dans le but de se connaître tout en respectant les goûts et les talents individuels?

☐ Si tu devais participer à une semaine d'activités à ce camp de vacances, quelles activités choisirais-tu? Pourquoi?

☐ Tu as 30 secondes pour faire l'annonce du Chalet des artistes sportifs à la radio. Transforme le message publicitaire de façon à respecter le temps alloué. Ajoute des effets sonores et rends ton discours dynamique et complet!

ORGANISATION DES IDÉES — Questions pour montrer la compréhension de l'organisation du texte.

☐ Dans ce message, on trouve de nombreux types de phrases. Trouve un exemple de phrase exclamative et un exemple de phrase interrogative.

☐ Écris les deux premières phrases de ce texte. Surligne les rimes. Quelle est la fonction de ces phrases?

☐ Dans ce message publicitaire, quel type de renseignements peux-tu trouver? Quels autres renseignements seraient nécessaires pour t'inscrire?

☐ Examine l'illustration qui accompagne ce message. Que remarques-tu?

☐ Écris ces phrases en mettant les verbes entre parenthèses au futur simple de l'indicatif.

   a) Tu (pouvoir) y penser d'avance.

   b) Ce message (pouvoir) sûrement t'intéresser.

   c) Nous (prendre) une fiche d'inscription.

   d) Je (lire) le message attentivement.

   e) Il (voir) les tableaux des grands peintres.

   f) Nous (vouloir) réaliser un vidéoclip.

   g) Vous (connaître) plusieurs artistes.

   h) (Savoir)-vous jouer cette pièce au violon?

   i) Tu (dire) à tes parents de téléphoner demain matin.

   j) Je ne (savoir) pas quelle activité choisir.

☐ *Tu* peux *t'*inscrire à plusieurs projets.

Tu – pronom personnel, sujet du verbe peux.
Qui est-ce qui peut inscrire?

t' – pronom personnel, complément d'objet direct
du verbe peux. Tu peux inscrire *qui*?

Transforme cette phrase en utilisant les pronoms personnels ci-après en guise de sujets :
je, elle, nous, vous, ils.

Surligne les pronoms personnels sujets et compléments dans tes phrases.

☐ Remplis le tableau ci-dessous en conjuguant les verbes du deuxième groupe aux temps demandés.

Les jeunes...	Passé composé de l'indicatif	Futur proche de l'indicatif	Futur simple de l'indicatif
grandir			
réussir			
accomplir			
choisir			
finir			

ÉCRITURE (tâches ouvertes)

☐ Imagine une lettre d'un ou d'une enfant à ses parents alors qu'il ou elle séjourne en colonie de vacances.

☐ Tu viens tout juste de passer ta première journée au Chalet des artistes sportifs. Rédige une entrée dans ton journal de bord en décrivant les événements de la journée ainsi que tes impressions par rapport à ceux-ci.

☐ En équipe, discute d'un camp d'été idéal. Prépare un message publicitaire pour faire connaître ce camp et y attirer des jeunes.

COMMUNICATION ORALE (tâches ouvertes)

☐ En équipe, discute d'un camp d'été idéal. Sur bande audio ou vidéo, enregistre un message publicitaire pour faire connaître ce camp et y attirer des jeunes. Mets une partie de ton message en musique.

☐ Avec un ou une partenaire, prépare une entrevue entre un ou une journaliste et un animateur ou une animatrice de camp d'été. Présente l'entrevue devant le groupe-classe.

☐ Imagine une journée magnifique ou catastrophique dans un camp d'été. Raconte cette journée à ton équipe avec beaucoup d'expression.

Spectacle de variétés
Page 86

RAISONNEMENT — Questions à répondre à l'aide des idées du texte.

☐ Dans le texte, trouve les réponses aux questions suivantes :

   a) Quel produit ce message publicitaire cherche-t-il à vendre?

   b) Quel est le public cible de ce message publicitaire? Comment le sais-tu?

   c) Quel genre de pièce de théâtre est *Ah non, c'est ridicule*!? Justifie ta réponse.

☐ Trouve les mots utilisés dans le texte pour dire :

   le spectacle nous fera vivre *plusieurs sentiments*

   une soirée *mémorable*

   vous *rigolerez beaucoup*

   les enfants *chanteront les chants à leur façon*

   une *danse sensationnelle*

☐ Quelle partie du spectacle est représentée dans l'illustration?

COMMUNICATION — Questions à répondre à l'aide des idées du texte et des connaissances et expériences personnelles.

☐ Crois-tu que les deux masques illustrant le message publicitaire sont une bonne représentation du théâtre? Pourquoi?

☐ Lorsque l'auteure dit : «*Venez vivre toute la gamme des émotions!*», quelles émotions crois-tu que les spectatrices et spectateurs vivront? Avec un ou une partenaire, nomme plusieurs émotions que l'on peut vivre lorsqu'on assiste à un spectacle.

☐ Trouve le prix d'entrée du spectacle. Rédige un problème de mathématiques avec cette donnée et soumets-le aux élèves de ton équipe. Tentez de résoudre tous les problèmes rédigés par les membres de votre équipe.

☐ Est-ce facile de préparer un spectacle? Énumère toutes les choses que les élèves et leur enseignante ou enseignant ont dû faire avant d'être prêts à présenter le spectacle de variétés. Compare ta liste avec celle d'un ou d'une partenaire pour trouver les éléments auxquels tu n'as pas pensé.

ORGANISATION DES IDÉES — Questions pour montrer la compréhension de l'organisation du texte.

☐ À l'aide de l'information donnée dans le message publicitaire, remplis le tableau suivant.

Quel nom donne-t-on au spectacle?	
Qui sont les comédiennes et les comédiens?	
Où aura lieu le spectacle?	
Quand aura-t-il lieu?	
À quelle heure aura-t-il lieu?	
Quel est le prix d'entrée?	
Où peut-on se procurer les billets pour assister à ce spectacle?	

☐ Dans la rédaction du message publicitaire, pourquoi est-il important de capter rapidement l'attention du consommateur ou de la consommatrice? Quels éléments de ce message publicitaire attirent le plus ton attention?

☐ Un message publicitaire est souvent présenté en trois étapes : attirer, convaincre et conclure.
Peux-tu retrouver ces trois sections dans ce message publicitaire? Indique où elles se trouvent dans le message.

RESPECT DES CONVENTIONS LINGUISTIQUES — Questions pour montrer la compréhension des conventions linguistiques apprises.

☐ Trouve le participe présent des verbes ci-dessous, tirés du message publicitaire.
tordre, faire, danser, interpréter, voir, attendre

☐ *Venez vivre toute la gamme des émotions!*
Le présent de l'impératif est souvent utilisé dans les messages publicitaires, dans les recettes, dans les consignes. Explique pourquoi.
Remplis le tableau ci-dessous en conjuguant les verbes au présent de l'impératif.

Venir	Tenir	Aller	Voir	Prendre
venez				

☐ *Ils vous en feront **voir** de toutes les couleurs.*

Mets le verbe *voir* au futur simple et à l'imparfait de l'indicatif.

Pourquoi le verbe **voir** est-il un verbe irrégulier?

☐ Trouve tous les nombres dans ce message. Écris ces nombres en chiffres et en lettres. Avec un ou une partenaire, cherche la règle précisant l'écriture des nombres en lettres. Écris cinq autres nombres, supérieurs à seize mais inférieurs à cent, en appliquant la règle que vous aurez trouvée.

☐ Remplace les mots en italique par un pronom démonstratif.

Formes du pronom démonstratif		
Masc. sing.	Celui	Celui-ci; Celui-là
Fém. sing.	Celle	Celle-ci; Celle-là
Masc. sing.	Ce; C'	Ceci; Cela; Ça
Masc. plur.	Ceux	Ceux-ci; Ceux-là
Fém. plur.	Celles	Celles-ci; Celles-là

a) *Nos chanteurs* interpréteront vos chansons préférées. … interpréteront vos chansons préférées.

b) Vous assisterez à *un numéro d'ombres chinoises.* Vous assisterez à … .

c) La classe de 5ᵉ année prépare un spectacle pour *des spectateurs.* La classe de 5ᵉ année prépare un spectacle pour…

d) *Le grand magicien* et *son assistant Laurent* vous en feront voir de toutes les couleurs! …vous en feront voir de toutes les couleurs!

e) *La troupe de danse Les feux follets* vous présentera une chorégraphie impressionnante! … vous présentera une chorégraphie impressionnante!

f) *Notre spectacle spectaculaire* aura lieu au gymnase. … aura lieu au gymnase.

☐ Transforme les phrases ci-dessous en phrases négatives. (Utilise une construction négative : ne… pas, ne… plus, ne… jamais.)

a) Il y en a pour tous les goûts!

b) Vous assisterez à un numéro d'ombres chinoises!

c) Les billets sont en vente au secrétariat de l'école.

d) Nous vous attendons en grand nombre!

ÉCRITURE (tâches ouvertes)

☐ Demande à tes partenaires d'équipe de composer un nouveau slogan pour annoncer le spectacle de variétés. Comparez vos slogans et choisissez le meilleur.

☐ Fais une affiche pour annoncer un événement dans ta communauté. N'oublie pas d'inclure un bon slogan et les détails importants.

COMMUNICATION ORALE (tâches ouvertes)

☐ Cherche de l'information, au centre de ressources, au sujet des ombres chinoises. Exerce-toi à reproduire ces ombres. Prépare une présentation de type «son et ombre» avec des partenaires. Présentez votre œuvre au groupe-classe.

☐ Tu agis comme maître de cérémonie du spectacle de variétés. Prépare le message de présentation d'un des numéros.

☐ Prépare un reportage pour la radio concernant un spectacle auquel tu as déjà assisté. Raconte brièvement la façon dont s'est déroulé le spectacle. Exprime ton opinion quant au jeu des artistes et donne ton appréciation de ce spectacle.

Abba-sourdissant
Pages 87 et 88

RAISONNEMENT — Questions à répondre à l'aide des idées du texte.

☐ Dans le texte, trouve les réponses aux questions suivantes :
  a) À qui s'adresse le concours?
  b) Quel prix sera accordé à la personne gagnante?
  c) Que faut-il faire pour participer au concours?

☐ Fais la liste de tous les mots et les expressions utilisés pour nommer ou décrire le groupe Abba-sourdissant.

☐ Choisis un des membres du groupe Abba-sourdissant et prépare sa carte d'identité.

☐ Quelles connaissances techniques doit-on avoir pour participer à ce concours?

☐ Trouve dans le texte des expressions et des mots intéressants qui contribuent à rendre le texte précis, frappant et efficace. Classe ces mots dans un tableau comme celui ci-dessous.

Verbes	Adjectifs	Expressions

☐ Avec ton équipe, fabrique une affiche pour faire connaître ce concours. Choisis les informations les plus importantes et les éléments les plus frappants du message et présente-les de façon originale sur l'affiche.

☐ Ce message sera diffusé à la radio. Enregistre-le sur bande audio. Soigne ton intonation et ton débit pour capter l'attention des auditeurs et des auditrices.

COMMUNICATION — Questions à répondre à l'aide des idées du texte et des connaissances et expériences personnelles.

☐ Examine les thèmes des chansons du groupe Abba-sourdissant. Avec un ou une partenaire, fais la liste d'une dizaine de titres de chansons que tu connais correspondant à ces thèmes.

☐ Selon toi, pourquoi le groupe Abba-sourdissant se nomme-t-il ainsi?

☐ Examine les questions au début de ce message. Sont-elles appropriées au message? Pourquoi?

☐ Pendant quels mois ce concours peut-il se dérouler?

ORGANISATION DES IDÉES — Questions pour montrer la compréhension de l'organisation du texte.

☐ Un message publicitaire est souvent présenté en trois étapes : attirer, convaincre et conclure. Quelle partie de ce message cherche à attirer les gens?

☐ Note, dans l'ordre, toutes les étapes à suivre pour participer à ce concours.

RESPECT DES CONVENTIONS LINGUISTIQUES — Questions pour montrer la compréhension des conventions linguistiques apprises.

☐ «*Tu te rappelles que Martina est* **sud-américaine***, Mitsuko est* **asiatique***, que Bruce est* **nord-américain** *et que Didier est* **européen**.»
Avec un ou une partenaire, trouve la règle qui explique la raison pour laquelle les mots en caractères gras s'écrivent avec des lettres minuscules. Compose une phrase où ces mêmes mots s'écrivent avec une lettre majuscule.

☐ Compose des phrases en conservant la structure des phrases ci-dessous, mais en remplaçant les mots en italique. Attention à la ponctuation.

   a) Tu *adores* la façon dont elles et ils *chantent?*

   b) Toi, *Stéphane*, tu *portes* les mêmes *vêtements* que les *gars du groupe*?

   c) Le *concours* se termine *le 31 de ce mois*.

   d) Ce sera un plaisir de *faire connaissance* avec *Martina, Mitsuko, Bruce* et *Didier!*

   e) C'est un *rendez-vous* à ne pas *manquer!*

☐ Pour trouver un complément d'objet direct dans une phrase, il faut poser les questions *qui?* ou *quoi?* après le verbe. Pour trouver un complément d'objet indirect, il faut poser les questions *à qui?, à quoi?, de qui?, de quoi?,* après le verbe. Remplis le tableau ci-dessous pour trouver des exemples, dans le texte, de ces deux types de compléments.

Verbes	Question posée	Complément d'objet direct	Complément d'objet indirect
adores	tu adores quoi?	la façon	

☐ Conjugue le verbe au présent de l'indicatif et accorde-le avec son sujet.

   a) Tu (porter) les mêmes vêtements qu'eux.

   b) Ce groupe (lancer) un grand concours.

   c) Je (aller) participer avant la fin du mois.

   d) Nous (connaître) leur style musical.

   e) Vous (pouvoir) chanter sans instruments.

   f) Les élèves du groupe-classe (vouloir) rencontrer les membres du groupe.

   g) Les membres du groupe (être) heureux de venir vous voir.

   h) Didier (distribuer) des cadeaux.

   i) Martina et Mitsuko (choisir) les gagnants du concours.

   j) Je (collectionner) les autographes des vedettes.

☐ Tu possèdes tous leurs disques?

   Est-ce que tu possèdes tous leurs disques?

   Possèdes-tu tous leurs disques?

   Ces trois phrases sont toutes des phrases interrogatives. En suivant ces modèles de phrases interrogatives, transforme les trois autres questions que tu trouveras au début du texte.

ÉCRITURE (tâches ouvertes)

☐ En équipe, compose les paroles d'une chanson qui répond aux critères du concours du groupe Abba-sourdissant.

☐ Un nouveau groupe fait son apparition sur la scène musicale francophone. Tu deviens leur attaché de presse. Crée une affiche pour faire connaître leur plus récent album.

☐ Tu as remporté le prix du concours Abba-sourdissant. Tu reviens tout juste du voyage à l'île tropicale Musineuve. Écris quelques entrées dans ton journal personnel pour ne rien oublier de cette expérience.

COMMUNICATION ORALE (tâches ouvertes)

☐ Tes parents ne te permettent pas d'assister au prochain concert de ton groupe préféré. Tu cherches un moyen de les faire changer d'avis. Avec un ou une partenaire, simule le dialogue entre toi et ton parent.

☐ La radio communautaire te demande de faire un message publicitaire pour encourager les jeunes à écouter de la musique d'artistes variés. Réalise un message publicitaire pour faire connaître un groupe ou un ou une artiste francophone.

Fiche de planification du dossier d'écriture

✓ Cerne le **but** du message publicitaire.

Description (du produit, du lieu, du comportement ou de l'élément à faire connaître)	

✓ Cerne la **clientèle cible** de ton message. C'est important de savoir à qui s'adresse ton message pour bien choisir un ton et un langage appropriés.

Qui pourrait s'intéresser à ce que tu veux publiciser?	

✓ Pour rédiger un message frappant, prépare une banque de mots intéressants.

Verbes	Adjectifs	Expressions

✓ Pense à un slogan pour rehausser ton message publicitaire.

Fiche de planification du dossier d'écriture

FOND DU MESSAGE

✓ Pour organiser un message publicitaire de façon efficace, classe tes idées et tes arguments.

Pour attirer

Pour convaincre

Pour conclure

FORME DU MESSAGE

Choisis la forme de ton message publicitaire :

❑ à la radio

❑ à la télévision

❑ sur papier (journal, magazine, etc.)

❑ sur affiche (panneau, autobus, etc.)

❑ sur Internet

✓ Si la forme est visuelle, pense à des illustrations et à une présentation originale.
✓ Si la forme est audio, pense à de la musique et à des effets sonores.

Expressions avec le mot DEUX
Page 89

RAISONNEMENT — Questions à répondre à l'aide des idées du texte.

☐ Décode les quatre rébus. Écris les expressions ou les phrases que tu découvriras.

☐ Explique le sens de chaque expression. Si tu as besoin d'indices, cherche le mot *deux* dans le dictionnaire.

☐ Écris en lettres le nom de deux outils, de deux aliments, de deux animaux et de cinq chiffres qui se trouvent sur cette page de rébus.

COMMUNICATION — Questions à répondre à l'aide des idées du texte et des connaissances et expériences personnelles.

☐ Lequel de ces quatre rébus est le plus facile à décoder? Lequel est le plus difficile? Explique pourquoi.

☐ Raconte les situations où tu aimerais que se réalise l'expression *Jamais deux sans trois*?

☐ L'expression *Jamais deux sans trois* peut être classée parmi les superstitions. En équipe, trouve d'autres exemples de superstitions.

☐ Ajoute un ou plusieurs mots au rébus ci-dessous pour en expliquer le sens dans diverses situations.
Jamais deux (…) sans trois (…)

☐ Que penses-tu du proverbe illustré par le troisième rébus? Donne un exemple concret pour expliquer ton choix de réponse.

☐ Dans quelle situation particulière l'expression *Deux poids, deux mesures* peut-elle être utilisée?

☐ Trouve d'autres expressions qui contiennent le mot *deux*. Compose des phrases en utilisant ces expressions.

☐ Retranscris le rébus *C'est à deux pas d'ici* et remplace le *d'ici* par une autre expression, par exemple : *C'est à deux pas de l'école*. Écris au moins trois de tes nouvelles phrases sous forme de rébus. Demande à quelqu'un de décoder tes nouveaux rébus.

ORGANISATION DES IDÉES — Questions pour montrer la compréhension de l'organisation du texte.

☐ Dans le troisième rébus, à quoi servent les points dans les deuxième et huitième indices?

☐ On associe le rébus aux origines du langage écrit. Peux-tu expliquer pourquoi?

☐ Quel est le lien entre chacun des rébus de cette page?
Dans deux rébus, on trouve l'illustration de trois œufs pour obtenir le son «eu». Avec un seul œuf dans l'illustration, est-ce que le résultat serait le même? Explique ta réponse.

RESPECT DES CONVENTIONS LINGUISTIQUES — Questions pour montrer la compréhension des conventions linguistiques apprises.

☐ Quels sont les deux rébus ayant des phrases complètes? Que manque-t-il aux deux autres rébus pour en faire des phrases complètes? Transforme ces rébus pour en faire des phrases complètes.

☐ Dans le dernier rébus, à quel mot réfère la dernière illustration?
Trouve des homophones de ce mot et compose un court paragraphe qui en contient plusieurs. Fais part de tes écrits à un ou à une partenaire.

☐ Transforme les expressions ci-dessous en remplaçant *un* par *deux*.
un neveu, un bateau, un tuyau, un fléau, un feu, un rideau, un aveu, un noyau, un cheveu, un ruisseau.
Énonce une règle en tenant compte de tes observations. Les mots de la liste ci-après font exception à cette règle et prennent un *s* au pluriel : bleu, émeu, landau, lieu (poisson), pneu, sarrau.

ÉCRITURE (tâches ouvertes)

☐ Le deuxième rébus de cette page pourrait être la réponse à une question. Compose une question dont la réponse serait ce rébus. Écris-la sous forme de rébus. Colle les deux rébus, un à la suite de l'autre et demande à quelqu'un de les décoder.

☐ Pense à plusieurs expressions qui pourraient être transformées en rébus et écris-les sur des petites feuilles de papier. Lorsque le groupe-classe est divisé en deux équipes, jouez au jeu *Fais-moi un dessin* en vous servant de cette collection d'expressions. Un membre de chaque équipe fait un dessin et les autres membres de l'équipe essaient de deviner l'expression.

☐ Écris une petite histoire à trous. Jumelle-toi à un ou une élève du cycle primaire. Ensemble, lisez cette histoire tout en remplissant les trous par des illustrations qui la complètent bien. Une fois complétée, offre ton histoire en cadeau à l'enfant en question.

☐ Fais une recherche dans le catalogue du centre de ressources pour trouver des romans qui ont le mot *deux* dans leur titre. Dresse, sous forme de bibliographie, la liste de ces romans.

COMMUNICATION ORALE (tâches ouvertes)

☐ Prépare une liste des noms des élèves de ton groupe-classe ou des villes de ta province. Illustre-les sous forme de rébus. Présente ces rébus aux membres de ton équipe et écoute-les tenter de les résoudre. Encourage-les et explique-leur les rébus qu'elles et ils auront de la difficulté à déchiffrer.

☐ Découpe dans des magazines ou des journaux une série de visages qui ont des expressions différentes. Montre tes coupures de journaux à tes partenaires d'équipe et demande-leur de nommer l'émotion véhiculée par les différents visages.

Les proverbes
Page 90

RAISONNEMENT — Questions à répondre à l'aide des idées du texte.

☐ Décode et écris les proverbes présentés sous forme de rébus.

☐ Utilise les illustrations pour découvrir les quatre rébus. Fais-nous part de tes découvertes.

☐ La réponse au premier rébus correspond au titre. Cite et explique la signification de ce titre.

☐ À quoi servent les proverbes?

COMMUNICATION — Questions à répondre à l'aide des idées du texte et des connaissances et expériences personnelles.

☐ Ces rébus font connaître différents proverbes. Explique ce qu'est un proverbe et prépare une liste de proverbes que tu recueilleras en consultant les gens de ton entourage.

☐ Explique la démarche ou la stratégie que tu utilises pour découvrir les mots.

ORGANISATION DES IDÉES — Questions pour montrer la compréhension de l'organisation du texte.

☐ Explique à quoi sert l'emploi de l'apostrophe dans ces rébus.

☐ Compare les charades aux rébus. Explique les ressemblances et les différences entre ces deux jeux de mots. En tenant compte d'une même expression ou d'un même mot, crée une charade et un rébus pour illustrer ton explication.

☐ Qu'est-ce qu'un rébus? Explique la façon de déchiffrer et de lire un rébus.

RESPECT DES CONVENTIONS LINGUISTIQUES — Questions pour montrer la compréhension des conventions linguistiques apprises.

☐ Le s en tant que marque du pluriel ne s'ajoute pas aux noms et adjectifs se terminant par s, z ou x. Ces noms et ces adjectifs ne prennent donc aucune marque de pluriel. Trouve un exemple dans les mots des rébus. Avec un ou une partenaire, prépare une liste de noms ou d'adjectifs qui se terminent par un s, un z ou un x.

☐ Ajoute un adjectif qualificatif à chacun des groupes de mots suivants :
des contenants, de l'eau, une hirondelle, un nid, des œufs, un prince, une île, un calendrier, du fromage, un cercle.

ÉCRITURE (tâches ouvertes)

☐ Utilise les informations tirées de manuels de sciences ou d'études sociales des élèves de la 2e et de la 3e année dans le but de leur construire des rébus.

☐ Trouve des proverbes ou des adages qui touchent la météo. Crée de nouveaux rébus pour faire connaître ces proverbes ou ces adages.

COMMUNICATION ORALE (tâches ouvertes)

☐ Prépare une série de mots ou d'expressions imagées. Ton groupe-classe étant divisé en deux équipes, une personne de chaque équipe essaie de faire deviner les mots et les expressions à son équipe à l'aide de gestes précis.

Les rébus du système digestif
Page 91

RAISONNEMENT — Questions à répondre à l'aide des idées du texte.

☐ Décode et écris les mots présentés sous forme de rébus.

☐ Examine les rébus pour répondre aux questions suivantes :
   a) Quelles sont les deux notes de musique dans ces rébus?
   b) Qu'est-ce que l'écureuil transporte dans sa boîte?
   c) Pourquoi y a-t-il trois animaux en cage?
   d) Quelle carte de jeu est utilisée? Pourquoi?

COMMUNICATION — Questions à répondre à l'aide des idées du texte et des connaissances et expériences personnelles.

☐ Les rébus ressemblent-ils aux hiéroglyphes égyptiens? Explique.

☐ Ces rébus présentent différents éléments du système digestif. Prépare la liste des autres éléments qui composent ce système.

ORGANISATION DES IDÉES — Questions pour montrer la compréhension de l'organisation du texte.

☐ Parmi les consignes ci-dessous, transcris celle qui s'applique au rébus.
   – Devine le sens d'une succession de dessins qui, un à la suite de l'autre, permettent de comprendre le déroulement d'une histoire.
   – Devine le sens d'une succession de dessins qui, grâce aux sons qu'ils évoquent, permettent de comprendre un mot, une phrase ou une expression.
   – Découvre un parcours à suivre à l'aide d'une succession d'indices.

☐ À quoi servent les points, les flèches et les traits dans les rébus? Donne des exemples pour compléter ton explication.

☐ Écris une recette expliquant la façon de construire un rébus. Quels éléments sont nécessaires?

☐ Prépare un tableau de sons et d'illustrations utiles pour créer des rébus. Note d'abord les éléments que tu trouves dans cette page de rébus.

Son	Illustration	Son	Illustration
lè		o	

RESPECT DES CONVENTIONS LINGUISTIQUES —

☐ Pourquoi utilise-t-on le K plutôt qu'une autre lettre dans le troisième rébus?

☐ Forme un verbe à l'aide de chacun des mots suivants.
digestif, geste, sale, hiver, navire, note, promenade, nombre, dessin.

☐ Compose de nouvelles phrases en imitant la structure des phrases suivantes.
a) J'examine le *dernier indice* de la *deuxième charade*.
b) Cela ressemble à *un cœur*, à *un poumon* ou à *un estomac*.

☐ Est-ce que tu connais la solution? Conjugue le verbe *connaître* au présent, au passé composé et au futur simple de l'indicatif.

ÉCRITURE (tâches ouvertes)

☐ Choisis un thème que tu as étudié en classe. Construis des rébus pour illustrer au moins cinq mots ou expressions qui se rapportent à ce thème. Tu peux utiliser des illustrations dans des magazines ou les illustrer toi-même.

☐ Fais une recherche dans le catalogue du centre de ressources pour trouver des livres qui traitent du système digestif. Dresse, sous forme de bibliographie, la liste de ces livres.

☐ Choisis un système du corps humain autre que le système digestif. Fais la liste des éléments qui composent ce système, rédige quelques rébus et mets ton groupe-classe au défi.

COMMUNICATION ORALE (tâches ouvertes)

☐ Trouve ou invente un jeu avec les mots, autre que le rébus. Présente ce jeu à ton équipe. N'oublie pas d'expliquer le but du jeu, les règles à suivre et les conseils utiles. Propose un jeu de ce type à ton équipe et accompagne-la dans sa démarche.

Fiche de planification du dossier d'écriture

J'INVENTE DES RÉBUS

Je remplace les mots à découvrir par des dessins ou des signes qui doivent être lus phonétiquement.

Je choisis un mot à présenter sous forme de rébus :

Premier son	Deuxième son	Troisième son
Croquis	Croquis	Croquis

Je choisis une expression à présenter sous forme de rébus :

Premier son	Deuxième son	Troisième son	Quatrième son
Croquis	Croquis	Croquis	Croquis

Je choisis une phrase à présenter sous forme de rébus :

Premier son	Deuxième son	Troisième son	Quatrième son	Cinquième son
Croquis	Croquis	Croquis	Croquis	Croquis

Fiche de planification du dossier d'écriture

J'INVENTE DES RÉBUS

Je choisis un mot.

Je consulte un dictionnaire. Je fais une liste d'expressions renfermant ce mot.

Je choisis une phrase ou une expression de ma liste. Je la dis à voix haute.

Je divise ma phrase ou mon expression en petits mots ou sons que j'entends lorsque je la prononce. Je pense à un dessin pour représenter chacun de ces petits mots ou sons.

Boulettes de viande aigres-douces
Page 93

RAISONNEMENT — Questions à répondre à l'aide des idées du texte.

☐ Prépare la liste d'épicerie en vue d'acheter tout ce qui est nécessaire à la réalisation de cette recette.

☐ Avec de la pâte à modeler, confectionne une boulette de la dimension recommandée dans cette recette.

☐ Si tu prépares cette recette pour ta famille, calcule le nombre de boulettes que chaque personne pourra déguster.

☐ Trouve, dans le texte, un mot qui veut dire :
  – fouetter, mélanger énergiquement;
  – brasser doucement;
  – coupés en petits morceaux;
  – récipient muni d'un couvercle;
  – petite boîte métallique de forme cylindrique;
  – état d'un liquide chauffé dans lequel se forment des bulles de vapeur;
  – recouvert;
  – cuire doucement, bouillir à petit feu;
  – contrôle, surveillance;
  – température de la pièce.

☐ À cause du sucre dans le soda au gingembre et du ketchup rouge, ce mélange pourrait coller au fond de la marmite pendant la cuisson. Quelles actions sont proposées dans la marche à suivre pour éviter que cela ne se produise?

☐ Illustre les boulettes de viande aigres-douces tel que l'on te suggère de les servir.

☐ Combien de temps est nécessaire à la préparation et à la cuisson de cette recette?

COMMUNICATION — Questions à répondre à l'aide des idées du texte et des connaissances et expériences personnelles.

☐ On demande de réaliser cette recette sous la supervision d'un ou d'une adulte. Selon toi, pourquoi devrait-on respecter cette consigne?

☐ Trois personnes ont préparé la recette de boulettes de viande aigres-douces en faisant quelques erreurs. Imagine et décris le résultat obtenu par ces trois apprentis marmitons.
  a) Ahmed a mis 5 gousses d'ail plutôt que 5 ml de poudre d'ail.
  b) Bernard a formé des boulettes de 2 à 3 mm.
  c) Céline a remplacé le ketchup par de la confiture aux fraises.

- [ ] Tu veux veiller au contenu de sucre et de gras des boulettes de viande aigres-douces puisqu'un membre de ta famille doit suivre un régime alimentaire particulier. Quels sont les changements que tu peux apporter quant aux ingrédients? Explique ta réponse.

- [ ] Un amuse-gueule est un mets léger que l'on sert avant ou au début du repas. Il existe plusieurs recettes d'amuse-gueules faciles à préparer. Trouves-en une que tu aimes bien et note-la dans le but d'en faire part à tes camarades.

- [ ] Une grande fête s'annonce. Tu attends 24 personnes qui se rendront chez toi pour souper demain. Adapte la recette de façon qu'il y en ait assez pour toutes les personnes invitées et dresse le menu entier du repas. Lorsque tu adaptes la recette de boulettes de viande, pense au nombre de boulettes que tu veux offrir par personne.

- [ ] Les verbes de cette liste sont souvent dans les recettes. Encercle tous les mots de la liste qui se trouvent dans la grille. Cherche la définition des mots que tu ne connais pas dans un dictionnaire ou dans un lexique culinaire. Les lettres restantes de la grille forment un proverbe. Trouve une image qui s'agence bien avec ce proverbe.

aromatiser

battre

concasser

délayer

écailler

éclaircir

émincer

enduire

enrober

farcir

glacer

incorporer

mijoter

napper

paner

réduire

saisir

sauter

L	A	R	P	P	S	A	U	T	E	R	A
R	P	E	A	E	C	A	I	L	L	E	R
I	D	D	N	E	T	I	R	R	R	E	O
C	E	U	E	T	V	E	E	I	E	M	M
R	L	I	R	I	N	B	C	R	T	I	A
I	A	R	E	D	O	R	A	E	O	N	T
A	Y	E	U	R	A	N	L	P	J	C	I
L	E	I	N	F	T	E	G	P	I	E	S
C	R	E	R	T	T	A	B	A	M	R	E
E	N	R	E	S	S	A	C	N	O	C	R
M	A	S	A	I	S	I	R	N	G	E	A
I	N	C	O	R	P	O	R	E	R	N	T

ORGANISATION DES IDÉES — Questions pour montrer la compréhension de l'organisation du texte.

☐ Nomme les deux grandes sections que l'on trouve dans toutes les recettes. Quel est l'ordre de présentation de ces sections? Pourquoi respecte-t-on cet ordre?

☐ Examine attentivement la recette. Divise la liste des ingrédients en deux parties et donne un sous-titre à chacune d'elles. Divise la marche à suivre en sections et donne aussi un sous-titre à chacune d'elles.

RESPECT DES CONVENTIONS LINGUISTIQUES — Questions pour montrer la compréhension des conventions linguistiques apprises.

☐ Complète les mots en utilisant le bon orthographe du son é.
bœuf hach____, une pinc____, de sel, des oignons hach____, des boulettes bien enrob____, une poign____, le dang____, un pi____ de céleri, un pommi____, le pass____, un escali____.

☐ Avec un ou une partenaire, trouve plusieurs qualités qui se terminent avec le son é et ajoute-les à la liste suivante : la propreté, l'honnêteté…

☐ Écris les bons articles dans les phrases suivantes.

Articles **définis**	Articles **indéfinis**	Articles **partitifs**	Articles **contractés** (élision de **de** et **à** avec les articles **le** et **les**)
le, la, l', les	un, une, des	du, de la, de l', d'	du (de+le), des (de+les), au (à+le), aux (à+les)

a) Je vais acheter ____ sel, ____ ail et ____ bœuf haché.

b) J'ai besoin d'____ cannette de soda au gingembre.

c) C'est ____ recette préférée ____ frère de mon amie.

d) Il faut réduire ____ chaleur dans ____ four.

e) Dans ____ marmite, vous pouvez faire chauffer ____ sauce.

☐ À quel mode et à quel temps sont les verbes dans cette recette? Appuie ta réponse à l'aide d'exemples tirés du texte.

☐ Mets les verbes à la deuxième personne du singulier en respectant les temps et les modes ci-dessous. Consulte un tableau de conjugaison, au besoin.

a) Dans un grand bol, *battre* l'œuf avec une fourchette.

b) *Ajouter* le bœuf haché.

c) *Lire* la marche à suivre.

d) *Mettre* les boulettes dans la sauce.

e) *Réduire* la chaleur.

	Présent de l'indicatif	Passé composé de l'indicatif	Futur proche de l'indicatif	Futur simple de l'indicatif	Présent de l'impératif
a)					
b)					
c)					
d)					
e)					

ÉCRITURE (tâches ouvertes)

☐ Prépare un jeu (charades, rébus, mots croisés, mots cachés...) en utilisant des mots liés au domaine culinaire.

☐ Choisis ta recette préférée. Écris-la et illustre-la ou prends-en une photo. Avec les élèves du groupe-classe, participe à la réalisation d'un livre de recettes collectif.

☐ Fais une recherche pour trouver des sites Internet qui proposent une bonne sélection de recettes en français. Prépare un message publicitaire pour présenter le site qui, selon toi, est le meilleur.

COMMUNICATION ORALE (tâches ouvertes)

☐ Demande à un grand-parent ou à un parent de t'expliquer sa recette préférée de vive voix. Essaie d'écrire cette recette et discute avec l'adulte en question pour t'assurer que tu as toute l'information nécessaire à sa réalisation.

☐ Questionne un ou une adulte de ton entourage pour découvrir le moment où il ou elle a appris à cuisiner.

☐ Lis et explique à voix haute la démarche d'une recette qui va permettre à un ou une camarade de la réussir.

☐ Tu es chef! Tu deviens la vedette d'une nouvelle émission culinaire à la télévision. Enregistre ton émission de la semaine. Donne-lui un nom et présente la préparation de ton goûter préféré.

Croque-monsieur
Page 94

RAISONNEMENT — Questions à répondre à l'aide des idées du texte.

☐

Trouve un mot ou un groupe de mots qui veut dire	Quels indices t'ont permis de repérer ces mots?
beurrer :	
four :	
manger :	

☐ Fais la liste de l'équipement ménager mentionné dans cette recette. Cherche, dans des feuillets publicitaires, des illustrations de ces appareils.

☐ Lis attentivement la recette pour trouver les réponses aux questions suivantes :

a) Quelle est l'origine des croque-monsieur? Comment le sais-tu?

b) Quel avantage y a-t-il à utiliser du fromage Gruyère et du pain français dans la préparation de cette recette?

c) De quelle façon doit-on mettre les croque-monsieur au four?

d) Cette recette se termine par un avertissement. Lequel? À qui s'adresse-t-il?

☐ Combien de croque-monsieur peux-tu préparer avec les ingrédients de cette recette? Explique ton raisonnement. Tu reçois 12 personnes à dîner, fais la liste d'ingrédients nécessaires pour faire suffisamment de croque-monsieur.

COMMUNICATION — Questions à répondre à l'aide des idées du texte et des connaissances et expériences personnelles.

☐ On propose deux façons de préparer cette recette. Explique les variations proposées. De quelle façon aimerais-tu préparer cette recette? Pourquoi?

☐ Il est toujours possible de modifier une recette. Si tu pouvais ajouter ou substituer un seul ingrédient aux croque-monsieur, que ferais-tu? Pourquoi?

☐ Selon toi, d'où vient le nom *croque-monsieur*? Trouve un autre nom pour ce mets et explique ton choix.

☐ D'après toi, quel temps de la journée serait idéal pour déguster un croque-monsieur? Donne au moins deux raisons pour justifier ton choix de réponse.

☐ Crois-tu qu'il soit nécessaire qu'une ou un jeune de 5ᵉ année soit supervisé par un ou une adulte dans la préparation de cette recette? Discute avec un ou une partenaire pour faire valoir ton opinion.

☐ Prépare une caricature de trois personnages s'apprêtant à manger chacun un croque-monsieur : un personnage *gourmet*, un personnage *gourmand* et un personnage *capricieux*. Sous chaque caricature, ajoute une phrase explicative.

ORGANISATION DES IDÉES — Questions pour montrer la compréhension de l'organisation du texte.

☐ Est-il important de suivre l'ordre de préparation des croque-monsieur? Pourquoi?

☐ Prépare un croquis du croque-monsieur en étiquetant chaque ingrédient qui le compose.

☐ Quelle est la première étape de la marche à suivre? Pourquoi cette action vient-elle en premier lieu?

☐ Raconte, sous forme de récit, l'expérience d'une tranche de pain, victime de la recette du croque-monsieur. Tu peux aussi choisir le point de vue d'un autre ingrédient de la recette pour composer ton récit.

RESPECT DES CONVENTIONS LINGUISTIQUES — Questions pour montrer la compréhension des conventions linguistiques apprises.

☐ Les verbes de cette recette sont à l'infinitif. Dans une recette, il est aussi courant de trouver des verbes à l'impératif. Choisis 10 verbes à l'infinitif de la recette et conjugue-les au présent de l'impératif.

☐ Consulte le dictionnaire pour vérifier la façon d'écrire le nom *croque-monsieur* au pluriel.

☐ Trouve trois synonymes du verbe *déguster*. Compose trois phrases interrogatives en utilisant chacun de ces synonymes. Écris l'une de ces phrases à la forme négative.

☐ Plusieurs mots se prononcent comme le mot *mets* tout en s'écrivant différemment. On appelle ces mots des homophones. Écris quatre homophones du mots *mets* et explique le sens de chaque mot. Compose une phrase avec chacun d'entre eux.

☐ Les adjectifs et les noms forment généralement leur féminin en ajoutant un *e* à la forme du masculin. Toutefois, l'ajout du *-e* peut s'accompagner de certaines modifications.

er → **ère**	f → **ve**	x → **se**	el → **elle**
cher → ch**ère**	créatif → créati**ve**	amoureux → amour**euse**	virtuel → virtu**elle**
premier → premi**ère**	neuf → neu**ve**	heureux → heur**euse**	individuel → individu**elle**
et → **ette**	on → **onne**	en → **enne**	eur → **euse**
muet → mu**ette**	bon → b**onne**	gardien → gardi**enne**	rêveur → rêv**euse**
coquet → coqu**ette**	lion → li**onne**	canadien → canadi**enne**	moqueur → moqu**euse**

Pour chacune de ces catégories, trouve avec un ou une partenaire de nombreux exemples de noms et d'adjectifs. Écris-les au masculin et au féminin.

ÉCRITURE (tâches ouvertes)

☐ Prépare le menu à la carte d'un restaurant qui servirait des plats à ton goût. Classe les différents mets en catégories et note le prix de chacun.

☐ Monte une banque de mots d'ustensiles, de contenants et d'appareils culinaires.

☐ Procure-toi un petit album de photos ou un joli cahier. Transcris-y les recettes que tu es capable de cuisiner par toi-même. Ajoutes-y des photos et des commentaires. Conserve ce cahier et continue à y ajouter des recettes au fil des jours.

☐ Avec un ou une partenaire, dresse un tableau de mets dont les origines sont multiculturelles. Classe ces mets selon leur pays d'origine.

COMMUNICATION ORALE (tâches ouvertes)

☐ Fais une enquête pour connaître les mets préférés d'un groupe d'élèves donné. Présente le résultat de ton enquête, sous forme de diagramme à bandes doubles, dans le but de comparer les goûts des filles à ceux des garçons. N'oublie pas d'ajouter une conclusion à ton travail. Présente ton diagramme et explique tes résultats au groupe-classe.

☐ Fais, avec ton équipe, une liste d'ingrédients susceptibles d'être utilisés pour faire les recettes suivantes.

Pouding au riz	Biscuits au gingembre	Pâté au saumon

Participe à une mise en commun des trois listes d'ingrédients en vue de les comparer à celles provenant d'un livre de recettes. Discute de ces résultats avec le groupe-classe.

☐ Écoute et note les verbes utilisés pendant une émission culinaire à la télévision.

Des carrés mueslis maison
Pages 95 et 96

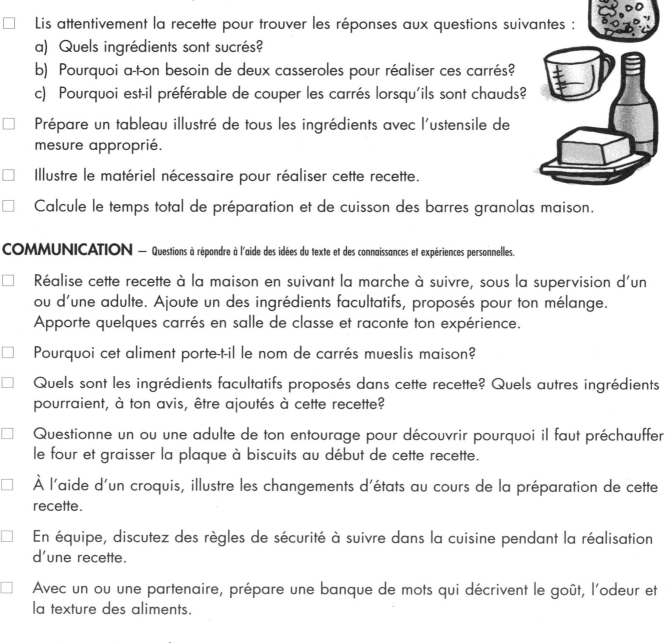

RAISONNEMENT — Questions à répondre à l'aide des idées du texte.

☐ Lis attentivement la recette pour trouver les réponses aux questions suivantes :
   a) Quels ingrédients sont sucrés?
   b) Pourquoi a-t-on besoin de deux casseroles pour réaliser ces carrés?
   c) Pourquoi est-il préférable de couper les carrés lorsqu'ils sont chauds?

☐ Prépare un tableau illustré de tous les ingrédients avec l'ustensile de mesure approprié.

☐ Illustre le matériel nécessaire pour réaliser cette recette.

☐ Calcule le temps total de préparation et de cuisson des barres granolas maison.

COMMUNICATION — Questions à répondre à l'aide des idées du texte et des connaissances et expériences personnelles.

☐ Réalise cette recette à la maison en suivant la marche à suivre, sous la supervision d'un ou d'une adulte. Ajoute un des ingrédients facultatifs, proposés pour ton mélange. Apporte quelques carrés en salle de classe et raconte ton expérience.

☐ Pourquoi cet aliment porte-t-il le nom de carrés mueslis maison?

☐ Quels sont les ingrédients facultatifs proposés dans cette recette? Quels autres ingrédients pourraient, à ton avis, être ajoutés à cette recette?

☐ Questionne un ou une adulte de ton entourage pour découvrir pourquoi il faut préchauffer le four et graisser la plaque à biscuits au début de cette recette.

☐ À l'aide d'un croquis, illustre les changements d'états au cours de la préparation de cette recette.

☐ En équipe, discutez des règles de sécurité à suivre dans la cuisine pendant la réalisation d'une recette.

☐ Avec un ou une partenaire, prépare une banque de mots qui décrivent le goût, l'odeur et la texture des aliments.

ORGANISATION DES IDÉES — Questions pour montrer la compréhension de l'organisation du texte.

☐ Examine la marche à suivre de cette recette. Divise-la en sections et donne un titre à chacune d'elles.

☐ À quelle température doit être le four dans cette recette? Quelle est la durée de cuisson?

☐ Consulte un livre de recettes et cherche cette information pour différents plats. Prépare un tableau pour noter tes découvertes. Que remarques-tu?

RESPECT DES CONVENTIONS LINGUISTIQUES — Questions pour montrer la compréhension des conventions linguistiques apprises.

☐ Écris en lettres tous les chiffres de la recette.

☐ Ne te mets pas *les pieds dans les plats*. Trouve plusieurs autres expressions figurées, qui ont pour thème le monde culinaire. Note le sens de ces expressions et fais part de tes découvertes à ton équipe. Voici des mots pour lancer ta recherche : assiette, marmite, sucre et pain.

☐ Remplis le tableau ci-dessous en trouvant et en classant des mots de même famille.

Noms	Adjectifs	Verbes
coupe, coupe-papier, coupe-ongles, coupeur, coupeuse, coupe-vent, coupage, coupon, couperet, découpure, coupure, découpage	coupant,	couper, découper, entrecouper,
		mélanger
		cuire
centre		
	dangereux	
		fondre

☐ Justifie l'emploi du deux-points et des tirets dans la recette.

☐ Ajoute une de ces constructions négatives pour transformer les phrases ci-dessous.

ne n'	+	plus pas jamais aucun personne rien

a) Préchauffe le four à 180 °C.

b) Graisse la plaque à biscuits.

c) Ajoute les flocons d'avoine.

d) Faire cuire sur la grille du centre.

e) Laisse les carrés refroidir 10 minutes.

☐ Choisis un groupe de mots invariables et compose une phrase avec chacun des mots du groupe.

autrefois parfois quelquefois toutefois tantôt	à déjà jusqu'à là voilà	beaucoup longtemps tard tout à coup trop

ÉCRITURE (tâches ouvertes)

☐ En équipe, trouvez des recettes pour une catégorie d'aliments que vous aimez en particulier (soupes, desserts, pâtes, etc.). Préparez un recueil de recettes avec celles que vous aurez trouvées.

☐ Réalise une grille de mots croisés avec des mots qui se rapportent à la cuisine.

☐ Prépare un emballage pour mettre en marché une tablette muesli ou un autre produit dont tu connais la recette. N'oublie pas que la loi exige que tous les ingrédients apparaissent sur l'emballage.

☐ Invente une recette pour faire rire tes camarades. Trouve d'abord le nom du plat, choisis ensuite des ingrédients et élabore une marche à suivre.

☐ Effectue une recherche au sujet d'une vitamine ou d'un minérau. Consulte deux sources d'information différentes et note les mots clés dans un tableau comme celui ci-dessous.

Nom :	Vitamine ☐	Minérau ☐
Description :		
Utilité :		
Symptômes d'un manque :	Symptômes d'un excès :	
Sources principales :		

COMMUNICATION ORALE (tâches ouvertes)

☐ Demande à quelqu'un de te filmer pendant que tu réalises les différentes étapes d'une recette, à la façon d'une émission de télévision. Présente ta vidéo à ton groupe-classe.

☐ Tu as une capsule de 30 secondes mise à ta disposition pour faire un message publicitaire annonçant le produit de ta recette. Planifie bien ton travail avant de présenter ton message en direct. N'oublie pas d'y inclure des arguments pour attirer et convaincre des clientes et des clients et de bien conclure ton message.

Fiche de planification du dossier d'écriture

En suivant ma recette, il sera possible de préparer : _____

Ingrédients
Quantité

| Je prépare la **marche à suivre**.

Je choisis d'écrire les verbes
☐ à l'infinitif (ex. : prendre, faire, écouter, etc.)
☐ à l'impératif, à la 2e personne du singulier (ex. : prends, fais, écoute, etc.)
☐ à l'impératif, à la 2e personne du pluriel (ex. : prenez, faites, écoutez, etc.) | Je note l'ordre dans lequel je vais les écrire. |
| **Marche à suivre** | |

Temps de préparation	
Temps de cuisson	
Nombre de portions	
Conseils	

Fiche de planification du dossier d'écriture

Quand tu écris une recette à l'aide de l'ordinateur, exploite la fonction des *puces* et *numéros* de ton traitement de texte. Explore les formats de **puces** et de **numéros** disponibles et sélectionne le format qui te plaît. Quand tu appuieras sur la touche (toutes les lettres) pour ajouter le prochain élément de la liste, ton traitement de texte insérera automatiquement la puce ou le numéro. Tu obtiendras ainsi une présentation soignée de ta recette.

Exemple :

Ingrédients	Marche à suivre
☐ 250 ml de beurre	1. Dans un bol, mélanger le beurre, la cassonade, la vanille et la farine pour former une boule de pâte.
☐ 125 ml de cassonade	2. Incorporer les pépites de chocolat à la pâte.
☐ 5 ml de vanille	3. Former des boules de 2 cm de diamètre.
☐ 500 ml de farine tout-usage	4. Déposer les boules sur une plaque à biscuits.
☐ 250 ml de pépites de chocolat	5. Écraser les boules à l'aide d'une fourchette.
	6. Faire cuire de 10 à 15 minutes à 165 °C (325 °F).

Tu peux aussi exploiter la touche ⟨Tab ⇆⟩ pour aligner les ingrédients.

Note la quantité, appuie sur la touche ⟨Tab ⇆⟩ et écris le nom de l'ingrédient. Tu obtiendras une liste comme celle-ci.

250 ml	⟨Tab ⇆⟩	beurre
125 ml		cassonade
5 ml		vanille
500 ml		farine tout-usage
250 ml		pépites de chocolat

Noireau à la rescousse
Pages 97 à 100

RAISONNEMENT — Questions à répondre à l'aide des idées du texte.

☐ Prépare la carte d'identité de Noireau.

☐ Détermine les traits de caractère de Noireau en justifiant ce qui t'a permis, dans le texte, de les trouver.

☐ À l'aide du récit, trouve les réponses aux questions suivantes :
a) À quel moment de la journée, le feu s'est-il déclaré dans la maison?
b) Comment se fait-il que la famille n'a pas été réveillée par le détecteur de fumée?
c) Quand Paul a-t-il perdu son chat de vue?
d) Quelles précautions Paul et ses parents prennent-ils lorsqu'ils essaient de sortir de la maison en flammes?
e) Où Paul et ses parents logent-ils après le sinistre?

☐ Note tous les mots du texte qui décrivent le feu, les flammes et la fumée.

☐ Qui sont les personnes qui ont aidé la famille au cours de cette catastrophe? Explique le rôle que chacune d'elles a joué.

☐ Comme tu sais, les chats ne parlent pas! Que fait le chat de Paul pour communiquer avec son maître afin de le prévenir du danger?

☐ Que veut-on dire par des *langues de feu aveuglantes*?

☐ Trouve la signification des mots ci-dessous en te servant des indices du texte ou d'un outil de référence : frayeur, tumulte, brasier, sinistrée, calcinée.

☐ Décris, en traçant un croquis, le trajet de la famille pour sortir de la maison.

☐ Comment expliquerais-tu que la famille de Paul n'a pas, comme le dit la maman, tout perdu?

COMMUNICATION — Questions à répondre à l'aide des idées du texte et des connaissances et expériences personnelles.

☐ À l'aide d'un croquis ou d'une maquette, illustre ce qu'une famille peut faire pour prévenir un incendie et ce qu'elle peut faire pendant un incendie, afin d'assurer une plus grande sécurité.

☐ Invente une nouvelle fin à ce récit.

☐ Si tu rencontrais la famille de Paul trois semaines après l'incendie, comment se porterait-elle? Selon toi, où serait-elle et que ferait-elle?

☐ On entend souvent des histoires extraordinaires concernant des animaux domestiques. Selon toi, comment des animaux peuvent-ils être capables de tels exploits? Découpe des histoires dans les journaux qui parlent d'animaux et de leurs aventures incroyables et affiche-les sur le babillard de ta salle de classe.

☐ Décris la maison de Paul maintenant qu'elle est reconstruite.

☐ Tu es un ou une camarade de Paul et tu as un grand désir de lui prêter main forte. Que peux-tu faire pour l'aider?

☐ Prépare une liste de mesures de sécurité à respecter en cas d'incendie. Distribue cette liste à tes camarades.

☐ Surmonter une grande tristesse comme celle vécue par la famille de Paul n'est pas facile. Toutefois, ils réussissent à trouver quelque chose de positif. Raconte un moment triste que tu as vécu et explique ce que cet événement fâcheux pourrait avoir de positif.

ORGANISATION DES IDÉES — Questions pour montrer la compréhension de l'organisation du texte.

☐ Relis l'histoire de *Noireau à la rescousse*. Divise le texte en sections et propose un sous-titre à chacune de ces sections.

☐ À l'aide d'une ligne du temps, retrace les événements qui ont mené à la découverte de Noireau, dans l'érable de la voisine. Tu peux estimer le temps qu'a pris chaque événement.

☐ Comment peut-on repérer le dialogue dans le texte?

☐ L'événement perturbateur ou l'élément déclencheur est la partie du récit où un événement heureux ou malheureux se produit et vient bousculer la situation initiale. Cela peut répondre à la question «Qu'arrive-t-il?». Cela peut être une nouvelle, un grand obstacle ou une difficulté.

Dans ce récit, l'événement perturbateur est la découverte de l'incendie dans la maison.

Écris le texte ci-dessous qui correspond à l'événement perturbateur du récit en ajoutant les mots qui manquent.	Imagine un nouvel événement perturbateur pour un récit. Transcris le texte ci-dessous et ajoutes-y les mots de ton choix pour en compléter les phrases.
Paul se met alors à _____ comme un vieux _____. Ses _____ frémissent. – De la _____! s'écrie le garçon en _____ du lit.	_____ se met alors à _____ comme _____. Ses _____ _____. – De la _____! s'écrie _____ en _____ du _____.

Illustre ces deux événements perturbateurs.

☐ Le dénouement d'un récit est une action qui permet de rétablir la situation problématique. Cela peut être un échec ou un succès. Décris et illustre le dénouement de ce récit.

☐ Prépare un tableau comme celui ci-dessous et notes-y les mots clés qui résument chaque élément du récit.

Obstacles/Péripéties

Situation initiale			

Événement perturbateur

Dénouement

RESPECT DES CONVENTIONS LINGUISTIQUES — Questions pour montrer la compréhension des conventions linguistiques apprises.

☐ Plusieurs adjectifs qualificatifs colorent le récit. Trouve au moins une douzaine d'adjectifs et indique pour chacun le genre, le nombre, la position (avant ou après le nom) et le nom qu'il qualifie.

Adjectif	Genre	Nombre	Placé avant ou après le nom	Qualifie
vague	masculin	singulier	après	le nom «son»

☐ Retrouve les verbes ci-dessous dans la dernière page du récit. Indique l'infinitif de chacun de ces verbes ainsi que la personne, le temps, le mode de conjugaison et le sujet dans la phrase. promet, revoit, reconnaîtrait, descend, a conservé, serrent

Verbe	Infinitif	Personne	Temps et mode	A pour sujet...
aura	avoir	troisième pers. du singulier	futur simple de l'indicatif	on

☐ Les expressions figurées sont utilisées pour créer une image dans la tête du lecteur ou de la lectrice. Prises au sens propre, elles perdent leur sens. Explique la signification des expressions figurées ci-dessous. Repère ensuite, dans le texte, trois autres expressions figurées et donnes-en le sens.

a) Il s'élance sur le lit comme une gazelle.

b) Ils ont la gorge nouée d'émotion.

c) Derrière eux, ils entendent les flammes rugir comme un animal enragé.

☐ Dans les phrases ci-après, examine la ponctuation et explique son rôle.

a) – *Noireau, laisse-moi dormir, se plaint-il.*

   tiret :

   virgules :

   point :

b) – *De la fumée! s'écrie le garçon en bondissant du lit.*

   tiret :

   point d'exclamation :

   point :

c) *En arrivant à la porte de celle-ci, Paul trébuche et s'écrase par terre en criant :*
   – M'man, P'pa, vite, il y a le feu dans la maison!

   virgules :

   deux points :

   tiret :

   point d'exclamation :

ÉCRITURE (tâches ouvertes)

☐ Fais le plan d'un récit d'une catastrophe quelconque. Pour y arriver, prépare un tableau où tu noteras des mots clés pour organiser tous les éléments importants d'un récit. Prépare ensuite une banque de mots, surtout des verbes d'action, des adjectifs qualificatifs et des expressions figurées qui se rapportent à l'action de ton récit. À l'aide de ton tableau et de ta banque de mots, rédige ton récit.

☐ Avec un ou une partenaire, prépare un dépliant portant sur la prévention des incendies destiné aux élèves de première année de ton école. Utilise un vocabulaire simple et précis.

☐ Procure-toi un petit calepin. Sur la page de couverture, écris ton nom et le titre *D'aventure en aventure*. Chaque fois que tu as une bonne idée pour écrire un nouveau récit d'aventures, note-la dans ce calepin. Ainsi, tes bonnes idées seront à la portée de la main lorsque tu auras le goût d'écrire.

☐ À la place de Paul, écris une lettre de remerciements à l'intention de quelqu'un qui a aidé la famille pendant son épreuve.

☐ Dresse le plan intérieur de ta maison sur une feuille blanche. Indique clairement toutes les sorties et les trajets à suivre en cas d'incendie.

COMMUNICATION ORALE (tâches ouvertes)

☐ Sachant qu'un incendie peut tout détruire dans une maison, fais une liste de cinq choses que tu voudrais placer dans un coffre antifeu. Explique, dans ta présentation orale, ce qui a motivé chacun de tes choix.

☐ Tu es la fille ou le fils de Madame Sylvestre, la voisine. Comment rendras-tu compte des événements à tes camarades le lendemain?

☐ Prépare une saynète à l'intention des plus jeunes élèves de l'école pour montrer la façon d'évacuer une pièce et la façon de mettre en place des mesures d'urgence en cas d'incendie.

☐ Avec ton groupe-classe, prépare une entrevue avec la direction au sujet des mesures d'urgence qui existent à l'école. Prépare des questions et participe à la mise en commun de toutes les questions des élèves. Avec ton groupe-classe, sélectionne les questions qui seront posées au cours de l'entrevue. Pendant l'entrevue, écoute et participe de ton mieux.

☐ Participe à une discussion portant sur la façon dont on prend des décisions quand on est sous le coup de l'émotion ou du stress. Comment réagit-on quand on n'a pas le temps de réfléchir? Trouve des exemples de situations où les émotions peuvent changer la façon d'agir des gens.

☐ Énumère des professions qui demandent un entraînement pour bien réagir dans des situations difficiles.

Perdu en pleine forêt
Pages 100 à 105

RAISONNEMENT — Questions à répondre à l'aide des idées du texte.

☐ Si Vincent avait écouté les conseils de son père, il ne se serait pas perdu en forêt. Prépare un aide-mémoire des conseils de M. Castonguay à son fils.

☐ Dans le récit, trouve les réponses aux questions suivantes :
   a) Quelle est la journée qui restera gravée dans la mémoire de Vincent? Pourquoi?
   b) Que veut dire Gustave quand il dit à Vincent qu'il pourra attraper un trophée?
   c) Pourquoi Vincent décide-t-il de quitter son arbre?
   d) Qu'est-il arrivé à la boussole de Vincent?
   e) Quand et comment Vincent communique-t-il avec son père?

☐ Dessine les différents visages de Vincent à travers son aventure. Assure-toi de bien représenter les sentiments qu'il a éprouvés tout le long de son expérience en forêt.

☐ Dans le récit, trouve les réponses aux questions suivantes :
   a) Approximativement combien de temps s'est-il écoulé entre l'obtention du permis de chasse et l'expédition elle-même?
   b) Pendant ce temps, que font Vincent et son père pour bien se préparer en vue de leur expédition de chasse?
   c) Quelle phrase du texte dit que l'obtention d'un permis pour chasser le chevreuil sans bois est un privilège?

☐ Dans le dernier paragraphe de la page 102, Vincent se retrouve seul, perché dans son arbre. Nomme trois émotions qu'il ressent à ce moment précis de l'histoire.

☐ Lorsque Vincent part à la poursuite du chevreuil, quelles deux stratégies utilise-t-il pour ne pas se perdre? Sont-elles efficaces? Comment le sais-tu?

☐ Lorsque Vincent entend les deux coups de fusil dans la forêt, pour quelles raisons pense-t-il que c'est son père qui les a tirés?

☐ Trouve ces mots dans le texte et expliques-en le sens :
tragédie, euphorie, monotonie

☐ Trouve ces mots dans le texte et expliques-en le sens :
préparation, exaltation, anticipation, précaution, agitation, confrontation, sensation

COMMUNICATION — Questions à répondre à l'aide des idées du texte et des connaissances et expériences personnelles.

☐ Explique la raison pour laquelle la chasse au chevreuil exige de la ruse.

☐ Pour quelles raisons crois-tu qu'un permis pour chasser le chevreuil sans bois est-il difficile à obtenir?

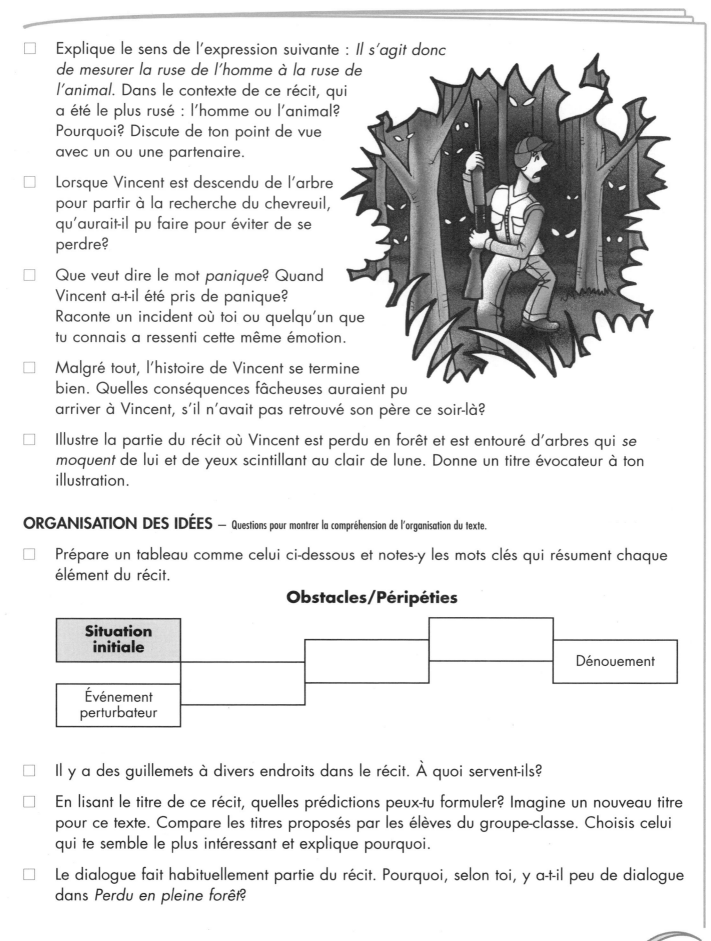

☐ Explique le sens de l'expression suivante : *Il s'agit donc de mesurer la ruse de l'homme à la ruse de l'animal*. Dans le contexte de ce récit, qui a été le plus rusé : l'homme ou l'animal? Pourquoi? Discute de ton point de vue avec un ou une partenaire.

☐ Lorsque Vincent est descendu de l'arbre pour partir à la recherche du chevreuil, qu'aurait-il pu faire pour éviter de se perdre?

☐ Que veut dire le mot *panique*? Quand Vincent a-t-il été pris de panique? Raconte un incident où toi ou quelqu'un que tu connais a ressenti cette même émotion.

☐ Malgré tout, l'histoire de Vincent se termine bien. Quelles conséquences fâcheuses auraient pu arriver à Vincent, s'il n'avait pas retrouvé son père ce soir-là?

☐ Illustre la partie du récit où Vincent est perdu en forêt et est entouré d'arbres qui *se moquent* de lui et de yeux scintillant au clair de lune. Donne un titre évocateur à ton illustration.

ORGANISATION DES IDÉES — Questions pour montrer la compréhension de l'organisation du texte.

☐ Prépare un tableau comme celui ci-dessous et notes-y les mots clés qui résument chaque élément du récit.

Obstacles/Péripéties

Situation initiale		Dénouement
Événement perturbateur		

☐ Il y a des guillemets à divers endroits dans le récit. À quoi servent-ils?

☐ En lisant le titre de ce récit, quelles prédictions peux-tu formuler? Imagine un nouveau titre pour ce texte. Compare les titres proposés par les élèves du groupe-classe. Choisis celui qui te semble le plus intéressant et explique pourquoi.

☐ Le dialogue fait habituellement partie du récit. Pourquoi, selon toi, y a-t-il peu de dialogue dans *Perdu en pleine forêt*?

☐ Remplis un tableau comme celui ci-dessous pour décrire la situation initiale du récit *Perdu en pleine forêt*.

Situation initiale	
Temps	Lieu(x)
Personnages	Caractéristiques

☐ Repère les grandes étapes du récit et remplis un tableau comme celui ci-dessous. Le récit est-il présenté en ordre chronologique, c'est-à-dire suit-il le déroulement normal du temps? Y a-t-il des retours en arrière ou des anticipations?

De la ligne ... à ...	Que se passe-t-il?	Où?	Durée

RESPECT DES CONVENTIONS LINGUISTIQUES — Questions pour montrer la compréhension des conventions linguistiques apprises.

☐ Écris les noms et les adjectifs ci-dessous au singulier. Regroupe les noms et les adjectifs qui se ressemblent au singulier et au pluriel.
mois, permis, chevreuils, bois, animaux, pieds, voix, dos, dangereux, chasseurs, lieux, métaux, feux, bouleaux, majestueux, pas, nouveaux, journaux, temps, précis

☐ Rédige de nouvelles phrases déclaratives négatives en remplaçant les mots en italique. Les mots en caractères gras sont des constructions négatives.

a) *Vincent* **n**'a **guère** *dormi* ce soir-là à cause du *ronflement incroyable de son père*.

b) Je **ne** le *raterai* **pas** *une deuxième fois*.

c) Après *deux heures de marche*, *Vincent* **n**'avait encore **rien** *aperçu*.

d) *À 11 h*, **aucun** *signe de vie* **ne** s'était *montré*.

e) *Il* **ne** *raisonnait* **plus** *logiquement*.

f) *Il* **n**'*allait* plus **jamais** *s'élancer* dans *le bois* sans *prendre toutes les précautions nécessaires*.

☐ À la page 103, l'auteur utilise l'interjection *Malheur!* pour exprimer le désespoir.
Note d'autres interjections pour exprimer le malheur, la douleur et la joie.

☐ Dans les phrases ci-dessous, souligne les compléments circonstanciels. Indique la question à laquelle ce complément répond. Le complément circonstanciel répond à une question du type *où? quand? comment? pourquoi? avec quoi? avec qui?* etc.

Après deux heures de marche, Vincent n'avait encore rien aperçu et la faim se faisait sentir. (Quand?)

a) Il tremblait comme une feuille devant l'animal qui se présentait devant lui.

b) Il avait déjà inséré trois balles dans sa carabine lorsque le silence fut de nouveau brisé de deux coups secs.

c) Il dormirait dans un lit chaud!

d) Il distinguait aussi une mince lueur à travers les arbres.

e) Le lendemain, Vincent s'est installé de nouveau dans son arbre.

☐ *C'était la réplique de son père! Il était sauvé! Il mangerait! Il dormirait dans un lit chaud!* Explique l'usage des phrases courtes et des points d'exclamation dans ce passage.

☐ Le point-virgule sert à séparer deux parties d'une phrase complète sur le plan grammatical. Ces parties traitent généralement d'un aspect différent d'une même idée. Dans ce texte, trouve une phrase qui contient un point-virgule.

ÉCRITURE (tâches ouvertes)

☐ En équipe, inventez des jeux avec les mots (charades, devinettes, rébus, etc.) après avoir fait un remue-méninges portant sur un des thèmes suivants : la chasse, la forêt ou la sécurité. Utilisez le vocabulaire du texte, au besoin.

☐ Imagine que les chevreuils peuvent parler et qu'ils offrent quelque chose à Vincent en échange de leur vie. Écris le dialogue qui pourrait avoir lieu entre eux.

☐ Écris une fin tragique à cette histoire. Commence ton dénouement au moment où Vincent s'avance vers une *lumière mystérieuse*.

COMMUNICATION ORALE (tâches ouvertes)

☐ Tu dois participer à la préparation d'un repas de viande sauvage! Trouve ou invente une recette que tu partageras avec le groupe-classe par la suite.

☐ Il n'y a rien comme conter des blagues autour d'un feu de camp. Assis en cercle en salle de classe, comme si vous étiez en forêt, racontez une blague à tour de rôle.

☐ Fais la démonstration de l'utilisation d'une boussole en plein air.

☐ Un ou une journaliste attend Vincent à son retour de la chasse. Avec un ou une partenaire, recrée l'entrevue qui pourrait avoir eu lieu.

☐ Qu'as-tu appris au sujet des boussoles dans ce récit? Avec un ou une partenaire, procurez-vous une boussole et faites des expériences. Faites part de vos observations et analysez-les.

☐ Renseigne-toi au sujet des règles de la chasse en Ontario. Communique tes découvertes au groupe-classe sous forme de reportage.

Tout un camp de vacances
Pages 106 à 109

RAISONNEMENT — Questions à répondre à l'aide des idées du texte.

☐ Dans le récit, trouve les réponses aux questions suivantes :

a) Nomme les deux différentes fonctions de Raoûl au camp Cégou.

b) Quelle activité, en particulier, le camp Cégou semble-t-il promouvoir?

c) Qu'est-ce qui empêche Raoûl de se lier d'amitié avec Jasmine?

d) Pourquoi Luc a-t-il failli se noyer?

e) Nomme les raisons qui ont motivé Raoûl à retourner au quai pendant le sauvetage.

f) Combien de temps s'est-il écoulé entre l'incident dans le lac et le retour à la maison?

☐ Cite les deux expressions à la fin du texte qui veulent dire que Luc s'est bien remis de son expérience.

☐ Trouve les mots ci-dessous dans la grille et encercle-les. Après que tous les mots aient été trouvés, les 43 lettres qui restent dans la grille forment la réponse au défi. Quel est le lien entre cette réponse et le récit?

```
                    I   N   C   O   R   P   S
          T   N   A   N   F   A   T   L   X   I   C
      E   S   E   C   L   A   M   I   S   X   H   F   U
    D   O   T   E   O   S   R   E   V   O   O   S   P   F   L
  E   C   E   G   U   M   U   C   R   R   N   A   N   E   L   L       E
O P   I   T   A   O   N   A   O   O   S   E   S   N   E   J   I       E
N O   R   E   G   O   M   I   C   X   B   Y   M   O   E   N   I   A     E   T
A E   G   T   B   M   A   O   T   E   R   G   N   O   J   E   A   D   M   U R
G A   L   E   U   I   C   T   E   N   O   V   R   J   H   R   E   U   E L S   P
E U   E   V   S   T   A   E   R   O   B   I   E   L   M   I   N   O   M E G E A
R E   M   U   P   R   M   R   C   E   P   T   J   H   L   N   N   M   N E   E
  C   E   A   A   I   P   N   O   X   E   E   C   L   E   P   I   N   E   A
  H   N   S   S   C   T   T   C   E   X   R   O   M   O   R   C   U   G
      T   N   M   E   C   X   R   O   A   R   U   E   J   R   E   R
                  E   D   S   T   U   P   I   F   U   E   H
                  S   S   V   I   M   O   R   E   B
                  C   I   A   H   A   Q   U   A   L   I
```

allure	corps	leçon	poteau	serviette
autobus	déjeuner	marche	promenade	sifflet
berge	emploi	moniteur	quai	spasmes
bouée	estomac	monitrice	réflexe	tannant
camp	exceptionnel	nager	règlement	voix
chanson	force	natation	retour	
civière	frousse	plongeon	sauvetage	
corde	infirmerie	pluie	sentier	

☐ Énumère ce que Raoûl sait au sujet de la sécurité aquatique et des sauvetages? Où a-t-il appris cela?

☐ Choisis Luc ou Raoûl. Fais-en la caricature et décris-le.

☐ Fais une liste de mots et d'expressions du texte pour décrire les jeunes campeurs et campeuses.

☐ Trouve le sens des mots ci-dessous. Indique quelle stratégie tu as utilisée (petit mot compris dans le grand mot, mots avant ou après dans le texte, mot de la même famille, dictionnaire).
beugler, s'empiffrent, traînards, surélevée, berge, retentir

☐ En groupe de trois, prépare un tableau pour obtenir un aperçu des éléments du récit. Partagez les tâches comme ceci : un ou une élève note tous les lieux, le ou la deuxième élève note tous les personnages et le ou la troisième note toutes les péripéties.

COMMUNICATION — Questions à répondre à l'aide des idées du texte et des connaissances et expériences personnelles.

☐ Penses-tu que Raoûl aime son travail d'été? Cite au moins trois passages du texte qui justifient ta réponse.

☐ Comment et pourquoi l'attitude de Raoûl change-t-elle au cours de l'été?

☐ À ton avis, qu'est-ce qui passait par la tête de Luc pendant qu'il essayait de refaire surface?

☐ On pourrait presque dire que l'expérience de Luc a été une bonne leçon. Es-tu d'accord? Pourquoi?

☐ *Je tire la corde avec des mains tremblantes. Pourvu que Luc ne lâche pas la bouée. Au bout d'une trentaine de secondes que je trouve interminables, l'enfant est finalement au quai.* Comment Raoûl se sent-il pendant ces secondes?

☐ *Luc s'en est bien tiré. Après quelques heures, il était de nouveau sur pied. Il faut dire que sa frousse l'a calmé un peu.* Pourquoi penses-tu que Luc s'est calmé?
En équipe, discutez des jeux dangereux auxquels les jeunes s'adonnent parfois. Tentez de trouver les raisons qui les poussent à prendre de tels risques.

☐ Raoûl se propose de raconter une histoire qui fera peur aux enfants pour se venger de tous les ennuis qu'ils lui causent. Penses-tu que c'est une bonne idée? Nomme une autre chose que Raoûl pourrait faire pour s'éviter tous ces ennuis.

☐ As-tu déjà fait un séjour dans un camp d'été? Raconte ton expérience. Si tu n'as jamais fait l'expérience d'un camp d'été, donne les raisons pour lesquelles tu aimerais ou n'aimerais pas y aller.

☐ Prépare une série de règles de sécurité à observer près de l'eau.

☐ Crois-tu que l'incident de la quasi-noyade va changer quelque peu l'attitude de Luc et celle de Raoûl? Avec un ou une partenaire, discute du récit et écris la façon dont tu penses que cet incident transformera ces deux personnages.

☐ Lorsque Raoûl sait que Luc est sauvé, quel sentiment ressent-il? Raconte un incident de ta vie où tu as connu les mêmes émotions.

☐ Crois-tu que Raoûl va retourner travailler au camp Cégou l'été prochain? Explique ton raisonnement.

☐ Imagine une lettre que Luc envoie à ses parents pendant son séjour au camp Cégou.

ORGANISATION DES IDÉES — Questions pour montrer la compréhension de l'organisation du texte.

☐ Pourquoi les deux premières phrases du texte sont-elles en italique?

☐ On a placé une série d'astérisques à trois différents endroits dans le récit. Dis ce que chaque série d'astérisques indique dans cette histoire.

☐ Dresse un tableau comme celui ci-dessous pour décrire les éléments de la situation initiale du récit *Tout un camp de vacances*.

Situation initiale	
Temps	Lieu(x)
Personnages	Caractéristiques

☐ Dans ce récit, le dénouement correspond à la fin du séjour au camp, et il est positif pour Luc et pour Raoûl.

Note le texte ci-dessous, tiré du dénouement du récit, en ajoutant les mots qui manquent.	Imagine le nouveau dénouement d'un récit en transcrivant le texte ci-dessous et en ajoutant les mots de ton choix pour compléter ces phrases.
Dans la voiture , ma _____ me demande _____ s'est passée ma dernière _____ au _____. – Oh! rien d'exceptionnel, je réponds nonchalamment. À part peut-être que j'ai _____ la vie à un _____. Et là, d'un _____, je raconte mon _____ que j'ai hâte d'échanger avec mes _____.	Dans _____, _____ me demande comment s'est passé(e) _____. – Oh! rien d'exceptionnel, je réponds nonchalamment. À part peut-être que j'ai _____. Et là, d'un trait, je raconte _____ que j'ai hâte de _____.

Illustre ces deux dénouements.

☐ Propose d'autres dénouements possibles du récit.

Une fin fantastique	Une fin tragique	Une fin humoristique	Une fin réaliste

☐ Numérote les phrases ci-dessous en ordre selon le déroulement des événements pendant la baignade. Illustre un de ces événements.

Je le hisse hors de l'eau.

Je fais retentir mon sifflet

Mais, après quelques brassées, je m'arrête.

En voyant la civière partir, je me laisse tomber sur le quai.

Trois heures de l'après-midi. J'ai la surveillance de la natation libre.

Ensuite, sans réfléchir, je me mets à nager à vive allure vers Luc.

La tête de Luc refait surface juste au moment où la bouée quitte mes mains.

Je grimpe sur le quai.

Je commande à une fille près de moi de courir chercher un autre moniteur.

Je tire la corde avec des mains tremblantes.

☐ Note toutes les occasions qu'ont les enfants de se baigner au camp Cégou.

RESPECT DES CONVENTIONS LINGUISTIQUES — Questions pour montrer la compréhension des conventions linguistiques apprises.

☐ À quel temps sont conjugués la plupart des verbes dans ce récit?

☐ À quelle personne sont conjugués la plupart des verbes du premier paragraphe de ce récit?

☐ À son retour chez lui, Luc prend rendez-vous avec son médecin. Trouve les bonnes formules pour exprimer les information présentées ci-dessous dans la colonne de gauche. Attention aux anglicismes!

r.-v., mardi 14 h, Dr Akim Feimal	J'ai un ren_____
Dr Feimal n'est plus disponible mardi.	Mon ren_____ est _____.
r.-v. remis à jeudi 16 h	J'irai _____

☐ *Jasmine **me** fait un salut de la main et **je le lui** rends.*
Les pronoms remplacent des noms. Indique le nom que remplace chacun des pronoms en caractères gras dans cette phrase. Précise si ce pronom a une fonction de sujet ou de complément.

☐ Complète les phrases avec le bon pronom indéfini : rien, personne, plusieurs et tout.
a) _____ le monde debout!
b) Des raisons de se plaindre, les enfants en trouvent _____.
c) _____ ne doit dépasser la ligne de bouées blanches.
d) _____ ne semble plaire aux enfants.

☐ Retrouve les verbes ci-dessous dans le dénouement du récit. Indique l'infinitif de chacun de ces verbes ainsi que la personne, le temps, le mode de conjugaison et le sujet dans la phrase.
lance, prenez, reverra, repart, attendent, était, faut, a calmé, réponds, ai sauvé

Verbe	Infinitif	Personne	Temps et mode	A pour sujet...
retourne	retourner	1re pers. du singulier	présent de l'indicatif	je

☐ Remplis ce tableau de pronoms possessifs.

le mien la _____ les miens les miennes	le tien la tienne les _____ les tiennes	le _____ la sienne les siens les _____
le ou la nôtre les _____	le ou la _____ les vôtres	le ou la leur les _____

Complète les phrases ci-dessous avec le bon pronom possessif.

a) Vont-ils finir avant que mes oreilles éclatent? Vont-ils en finir avant que _____ éclatent?

b) Ce soir, je prendrai ma revanche. Ce soir, je prendrai _____.

c) Je fais griller *mes guimauves*. Je fais griller _____.

d) J'entends *l'agréable voix de Jasmine*. J'entends _____.

e) Inquiet, je fais retentir *mon sifflet*. Je fais retentir _____.

☐ Trouve un groupe nominal qui pourrait être le mot que le pronom possessif remplace.

a) Je ne trouve pas les miens. Je ne trouve pas _____.

b) Le tien est plus drôle que le mien. _____ est plus drôle que _____.

c) Mes amis partagent souvent les leurs. Mes amis partagent souvent _____.

d) Le nôtre est trop encombrant. _____ est trop encombrant.

e) Ma sœur prépare la sienne. Ma sœur prépare _____.

ÉCRITURE (tâches ouvertes)

☐ Fais le programme d'une journée typique au camp Cégou.

☐ Invente un rébus pour illustrer des mots qui ont pour thème *Les vacances*.

☐ Imagine que tu es Luc. Écris une lettre de remerciements à Raoûl. Respecte bien les conventions de la lettre de remerciements. N'oublie pas de signer ton nom.

☐ Tu es un des parents de Luc. Écris une lettre de remerciements à Raoûl pour lui dire combien tu as apprécié son bon jugement lors de la quasi-noyade de son fils.

☐ Écris un récit d'aventures qui se passe pendant les vacances. Fais en sorte que le narrateur ou la narratrice soit l'un des personnages principaux.

☐ Compose un message publicitaire pour promouvoir le camp Cégou. N'oublie pas d'y inclure un bon slogan ainsi que tous les détails nécessaires pour s'inscrire au camp.

☐ Choisis dix mots intéressants provenant du texte. Échange ta liste avec celle d'un ou d'une autre élève. Écris un paragraphe où devront figurer tous ces mots.

COMMUNICATION ORALE (tâches ouvertes)

☐ Tu es journaliste et tu veux savoir si c'est bien vrai qu'un enfant a failli se noyer au camp Cégou. Pour en connaître plus sur cet événement, fais passer une entrevue à un ou à une élève qui jouera le rôle de la directrice ou du directeur de ce camp.

☐ Raoûl trouve les enfants du camp Cégou pas mal tannants. Raconte quelques bons tours que les enfants auraient pu jouer à Raoûl au cours de l'été pour confirmer son opinion à leur sujet.

☐ Présente un récit d'aventures au groupe-classe en te déguisant comme le personnage principal.

☐ Imagine que tu es Raoûl et que tes parents te ramènent à la maison après un été au camp Cégou. Fais-leur le récit de l'incident où tu as sauvé la vie d'un enfant.

☐ Imagine que dix ans se sont écoulés depuis les événements du camp Cégou. Avec un ou une partenaire, imagine le dialogue qui pourrait se tenir entre Luc et Raoûl.

☐ Apprends la chanson folklorique mentionnée au début de ce récit.

Le joyeux promeneur (Valderi)

Par les sentiers, sous le ciel bleu
J'aime à me promener
Le sac au dos, le cœur joyeux
Je me mets à chanter

Refrain :
Valderi, valdera, valderi,
Valdera, ha, ha, ha, ha, ha,
Valderi, valdera,
Je me mets à chanter

Parfois, suivant du clair ruisseau,
Les folâtres ébats,
Je l'entends dire dans les roseaux,
Viens chanter avec moi

Refrain

Et par les bois et par les champs
Tous les oiseaux jaseurs
Mêlant leurs voix, mêlant leurs chants
Entonnent tous en chœur

Refrain

Tous les amis que je rencontre
Au hasard des chemins
À mon salut, bientôt répondent
Par le même refrain

Refrain

Et je serai au long des jours
Avec la même ardeur
Sous le soleil, errant toujours
Un joyeux promeneur

Refrain

Fiche de planification du dossier d'écriture

Je prépare la rédaction d'un récit d'aventures.

Mots, expressions pour le titre

	Temps	Lieu(x)
Éléments de la situation initiale		
	Personnages	**Caractéristiques**

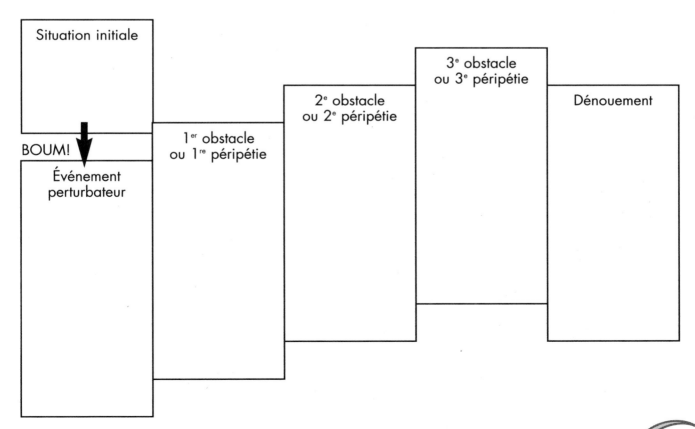

La pêche commerciale et récréative au Canada
Pages 110 à 112

RAISONNEMENT — Questions à répondre à l'aide des idées du texte.

☐ Dans le texte, trouve les informations suivantes :
  a) Nomme cinq espèces aquatiques que l'on peut trouver dans les cours d'eau canadiens.
  b) Nomme différents types de cours d'eau.
  c) Fais une liste de matériel utile pour pêcher.
  d) Énumère les services des réseaux organisés de pêche.

☐ Prépare un tableau de comparaison entre la pêche commerciale et la pêche récréative ou entre la pêche au saumon et la pêche au homard.

☐ Écris une «méthode» pour pêcher les homards.

☐ Que signifient les expressions et les mots ci-dessous? Retrace-les dans le texte et explique ensuite leur sens à l'aide des mots du texte ou à l'aide d'une autre stratégie de lecture.
amateurs de pêche, lieux privilégiés, hébergement, bénéficie, crustacé

COMMUNICATION — Questions à répondre à l'aide des idées du texte et des connaissances et expériences personnelles.

☐ Comment une compagnie peut-elle promettre avec assurance que la pêche dans leur lac sera excellente?

☐ *Le saumon est à la base de plusieurs légendes et histoires de pêche depuis des générations.* Selon toi, pourquoi en est-il ainsi? Consulte les adultes de ton entourage et le centre de ressources pour découvrir une histoire où il est question de saumon. Fais part de tes découvertes au groupe-classe.

☐ Si tu avais à planifier une excursion de pêche avec ta famille, où les amènerais-tu? Pourquoi?

☐ *Peu importe la méthode que l'on adopte, on relaxe et on profite de cette richesse naturelle qu'offre le Canada.*
Pourquoi la pêche est-elle une richesse naturelle si importante au Canada? Quelles autres richesses naturelles retrouve-t-on au Canada?

☐ Prépare un permis de pêche pour quelqu'un que tu connais qui aime participer à ce genre d'activité récréative. Sur le permis, indique plusieurs informations telles que le lieu, le temps de l'année, la sorte de poisson et la méthode de pêche, signalant ainsi toutes les conditions de validité du permis.

ORGANISATION DES IDÉES — Questions pour montrer la compréhension de l'organisation du texte.

☐ Quel est le rôle des sous-titres dans le reportage? Décris une autre façon d'organiser le texte en trouvant d'autres sous-titres.

☐ On trouve des reportages dans les journaux, dans les magazines, à la radio et à la télévision. Où crois-tu que ce reportage pourrait se trouver? Pourquoi?

☐ Pour préparer ce reportage, l'auteur a réalisé une recherche et a noté des informations trouvées ici et là. Pour chaque section du reportage, dresse un tableau de notes qui aurait pu servir à l'écriture de ce texte.

Section	Notes (en style télégraphique)
Les poissons d'eau douce	

RESPECT DES CONVENTIONS LINGUISTIQUES — Questions pour montrer la compréhension des conventions linguistiques apprises.

☐ Le complément circonstanciel répond à une question du type *où? quand? comment? pourquoi? avec quoi? avec qui?* etc.
Écris quelques phrases du texte où l'on trouve des compléments circonstanciels. Souligne chaque complément circonstanciel et spécifie sa fonction : le lieu, le temps, la manière, la cause, le but, etc.

☐ Compose de nouvelles phrases ayant la structure des phrases ci-dessous, en remplaçant les mots en italique.
Exemple : C'est *un repas* très *cher*.
   C'est une nouvelle très importante.
a) Les *océans*, les *lacs* et les *nombreuses rivières* offrent une variété de *poissons* et d'*animaux aquatiques*.
b) *Tôt le matin*, les *pêcheurs* s'*élancent sur la mer* et vont *remonter* leurs *pièges*.
c) Il n'y a rien de plus *amusant* qu'un *poisson au bout de la ligne*.

☐ Compose des phrases interrogatives correspondant aux réponses ci-dessous. Utilise le trait d'union, au besoin.
Exemple : On peut pêcher le doré le lundi.
   Peut-on pêcher le doré le lundi?
a) L'Ontario et le Québec demeurent des lieux privilégiés pour combler les amateurs de la pêche au doré et au brochet.
b) L'océan Pacifique bénéficie d'une forte population de saumons.
c) On pêche le homard à l'aide de pièges nommés *casiers*.
d) La pêche est un excellent passe-temps lors des activités en famille.

ÉCRITURE (tâches ouvertes)

☐ Choisis une richesse naturelle du Canada autre que la pêche et écris un reportage à son sujet. Utilise des sous-titres et des images pour faciliter la compréhension de ton texte.

☐ Élabore une banque de mots qui se rapporte au thème de la pêche. Crée un jeu à l'aide de cette banque de mots. Tu peux inventer des charades, des rébus, des mots cachés ou des mots croisés.

☐ Trouve une photo de quelqu'un qui revient de la pêche avec sa prise. Écris un court reportage qui accompagnera cette photo et remets-le au journal local.

☐ Renseigne-toi quant aux façons d'apprêter le poisson. Choisis une recette qui te semble délicieuse, note-la et propose-la à ta famille. Fais la critique de cette recette après y avoir goûté.

☐ Prépare un message publicitaire pour tenter de trouver des clientes et des clients intéressés à profiter d'un séjour de pêche sur un lac du Nord de l'Ontario. Donne tous les détails quant au transport par hydravion, à l'hébergement, aux embarcations et au matériel disponible, aux repas, au coût, etc.

COMMUNICATION ORALE (tâches ouvertes)

☐ Invente une blague de pêche et raconte-la à ton groupe-classe. Assure-toi d'y inclure des détails plausibles, pour que les autres te croient. Si tu présentes des faits réels mêlés à tes exagérations, ton public sera plus porté à te croire!

☐ Fais la caricature d'un pêcheur et présente ce personnage à ton groupe-classe.

☐ Trouve une chanson folklorique ou un conte pour enfants qui parle de la mer, de la pêche ou des poissons. Présente ta trouvaille au groupe-classe.

☐ L'hydravion est le seul moyen de transport disponible pour se rendre dans certains territoires sauvages, propices à la pêche. Imagine une scène qui se déroule à bord d'un hydravion avec les personnages suivants : des pêcheurs anxieux et impatients, un guide, un pilote. Avec d'autres élèves, prépare et présente cette saynète.

☐ Visionne la vidéo *Le saumon* (Trousse de TFO, 5ᵉ année, série «Unique au monde», émission *Le saumon* BPN 707803). Fais part de tes observations au groupe.

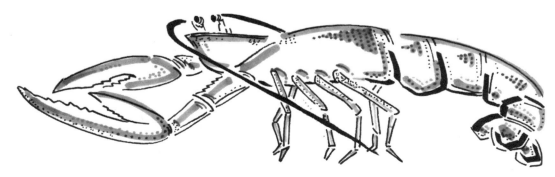

Les ours de la toundra
Pages 113 à 115

RAISONNEMENT — Questions à répondre à l'aide des idées du texte.

☐ Dans le texte, trouve les informations suivantes :

a) Qu'est-ce que la toundra? Où se trouve-t-elle?

b) Qui sont les vagabonds dans ce reportage?

c) Comment attrape-t-on les ours?

☐ Le terme *curriculum vitae* est un mot latin qui signifie «carrière de la vie»; il est invariable. C'est habituellement un document qui contient des renseignements relatifs à l'état civil, aux diplômes et à l'expérience professionnelle. Prépare un dossier de ce genre pour l'ourse Linda.

☐ Trouve des passages du texte qui prouvent que :

a) Les ours font des dégâts dans la ville.

b) Les scientifiques préparent un dossier sur chacun des ours.

c) Linda est heureuse.

d) L'ours adulte attaque parfois ses propres oursons.

☐ Dans le texte, trouve les informations suivantes :

a) Pourquoi les habitants de Churchill veulent-ils empêcher les ours d'entrer dans la ville?

b) Que mangent les ours?

c) À quoi sert l'étiquette métallique blanche que l'on met à l'oreille des ours?

d) Qu'est-ce qui te permet de constater que les ours n'ont pas peur des humains?

☐ Illustre les journalistes en visite dans la prison des ours.

☐ Trouve des photos ou des illustrations qui t'aideront à comprendre le sens des mots suivants :
la toundra, un collecteur de céréales, un dépôt d'ordures, la banquise.

☐ Prépare un lexique qui serviront à d'autres lecteurs ou lectrices de ce texte. Choisis des mots que tu juges plus difficiles à comprendre et rédiges-en une explication claire.

COMMUNICATION — Questions à répondre à l'aide des idées du texte et des connaissances et expériences personnelles.

☐ Tu as découvert une solution qui permet aux êtres humains et aux ours de vivre ensemble à Churchill. Quelle est-elle?

☐ Plusieurs journalistes visitent la prison des ours. Imagine les titres des reportages de deux journalistes.

☐ À l'aide du texte et de tes connaissances au sujet des ours, classe ces animaux dans une des catégories suivantes : carnivores, herbivores ou omnivores. Explique la raison pour laquelle tu as choisi cette catégorie.

☐ À l'aide d'un globe terrestre, examine avec un ou une partenaire la raison pour laquelle il est plus facile de se rendre en Europe en partant du port de Churchill que d'Ottawa ou de Montréal.

☐ *Elle a eu de la chance dans ses malheurs.* Que veut dire cette expression? Donne des exemples de ce genre de situation.

ORGANISATION DES IDÉES — Questions pour montrer la compréhension de l'organisation du texte.

☐ Propose un nouveau titre pour ce reportage.

☐ Remplis le tableau ci-dessous à l'aide de mots clés provenant de l'information donnée dans l'introduction du reportage.

Qui?	
Quoi?	
Où?	
Comment?	
Pourquoi?	

☐ Si tu devais prendre des photos pour accompagner ce reportage, énumère les scènes que tu souhaiterais croquer.

RESPECT DES CONVENTIONS LINGUISTIQUES — Questions pour montrer la compréhension des conventions linguistiques apprises.

☐ Explique la raison pour laquelle le mot *toundra* ne prend pas de lettre majuscule.

☐ Trouve cinq verbes au présent de l'indicatif dans le texte. Conjugue ces verbes aux temps suivants de l'indicatif : passé composé, imparfait, futur proche et futur simple.

☐ *Les **ours** ne comprennent pas pourquoi on veut **les** empêcher de passer.*
Observe bien l'analyse des mots **ours** et **les** dans le tableau ci-dessous.

Mot	**Nature** (adjectif qualificatif, nom commun,…)	**Genre**	**Nombre**	**Fonction** (sujet du verbe, complément, qualifie le nom,…)
ours	nom commun	masculin	pluriel	sujet du verbe *comprennent*
les	pronom personnel	masculin	pluriel	complément d'objet direct du verbe *veut empêcher*, remplace le nom *ours*

Pour faciliter l'analyse des mots d'une phrase, dessine un tableau comme dans l'exemple ci-dessus. Analyse ensuite les mots en caractères gras dans les phrases suivantes.

a) L'**année suivante**, on l'a reprise à **Churchill** avec ses **deux** petits.

b) Leurs **formes rondes** invitent à la **caresse**.

c) **Il** cherche une **proie facile**.

☐ *Les gens, terrorisés, ont installé des pièges dans la ville pour attraper les vagabonds.*
Rédige des questions dont les réponses se trouvent dans cette phrase. Varie la façon de construire tes phrases interrogatives. Compare tes questions avec celles d'un ou d'une partenaire.

☐ Dans le deuxième paragraphe du reportage, on écrit le nombre *quinze cents*. Pourquoi a t-on mis un *s* à *cents*? Trouve la règle d'accord du mot *cent*. Écris trois autres nombres qui comprennent le mot *cent* et applique la règle.

☐ Dans le deuxième paragraphe de la page 114, trouve sept participes passés qui décrivent ce que Linda a subi. Compare les participes passés. Qu'ont-ils en commun?

ÉCRITURE (tâches ouvertes)

☐ Rédige un reportage portant sur l'animal de ton choix en t'imaginant que tu es dans son milieu naturel.

☐ Tu veux donner ton opinion au sujet d'un reportage que tu as lu ou entendu. Rédige une lettre à l'intention du journal ou de la télévision en émettant ton opinion quant aux informations contenues dans le reportage.

☐ Tu déménages à Churchill. Écris une lettre d'amitié à ta meilleure amie ou à ton meilleur ami pour lui raconter les événements excitants qui se produisent dans ta nouvelle ville.

☐ Pense aux expressions ou aux mots qui existent ayant le mot *ours*. Utilise le dictionnaire pour t'aider à faire ce travail. Choisis quelques expressions à présenter sous forme de rébus.

☐ Prépare une affiche indiquant les bons comportements à adopter en cas de rencontre avec un ours.

COMMUNICATION ORALE (tâches ouvertes)

☐ Résume un reportage que tu as entendu à la télévision ou lu dans le journal dans le but d'en transmettre l'essentiel à ton groupe-classe, en 60 secondes.

☐ Les reportages comprennent souvent un témoignage. Imagine que tu es l'une des personnes dont la maison a été saccagée par Linda. Sous forme d'entrevue, témoigne de cet événement de ta vie à quelqu'un de ton groupe-classe qui jouera le rôle du reporter.

☐ Trouve un poème qui parle des ours. Récite-le devant ton groupe-classe en transmettant, à l'aide de ton expression orale et faciale, les sentiments véhiculés par ce poème. Tu peux aussi utiliser des objets ou toute autre chose que tu considères propice à cette récitation.

☐ Prépare un message publicitaire qui incitera les gens à prendre des précautions lorsqu'ils sont dans un territoire peuplé d'ours.

☐ Trouve un livre d'enfants dont l'un des personnages est un ours ou un ours en peluche. Présente-le et prête-le à un ou une enfant de la maternelle ou du jardin d'enfants.

Maman, papa, enfants, chien, serpent?

RAISONNEMENT — Questions à répondre à l'aide des idées du texte.

☐ Dans le texte, trouve les informations suivantes :

   a) Quelles sortes d'animaux trouve-t-on dans les maisons de nos jours?

   b) Pourquoi certaines personnes veulent-elles avoir un animal tout à fait unique?

   c) Nomme des reptiles.

   d) Que s'est-il produit en 1997 dans un petit village du nord de l'Ontario?

   e) Que faudrait-il faire pour permettre aux gens de dormir sur leurs deux oreilles à la suite de l'événement qui s'est produit dans le petit village du nord de l'Ontario?

☐ Trouve des passages du texte qui prouvent que :

   a) Les gens ont des animaux domestiques autres que des chats et des chiens.

   b) Certaines personnes ont des animaux exotiques pour obtenir de l'attention.

   c) Il existe de grands serpents.

   d) Certaines personnes ont encore peur d'un boa égaré il y a longtemps.

☐ Illustre ou fais un collage qui montre la réaction des gens lorsqu'ils voient quelqu'un se promener avec un animal différent.

COMMUNICATION — Questions à répondre à l'aide des idées du texte et des connaissances et expériences personnelles.

☐ Prépare une affiche qui prévient la population du petit village au sujet de la disparition du boa. Donne le plus d'informations possibles pour renseigner les gens et leur proposer des précautions à prendre.

☐ Dresse des listes de mots que l'on peut associer à chacun des mots suivants :
serpent, complexe, exotique, disparition, fascination, inquiétude.
Exemple : **opinion**; idée, pour, contre, avis, approuver, d'accord, penser, juger, point de vue, préjugé.

☐ À ton avis, les animaux exotiques devraient-ils être vendus à des gens comme toi et moi? Justifie ta réponse à l'aide d'arguments.

☐ En équipe de deux, dresse une liste de dix animaux différents qu'une personne peut considérer en tant que compagnons. Quelles sont les habitudes alimentaires de ces animaux et que peut-on faire avec ces petits ou ces gros amis?

☐ Explique les changements qui ont lieu dans la vie des animaux exotiques lorsqu'ils sont gardés en captivité.

ORGANISATION DES IDÉES — Questions pour montrer la compréhension de l'organisation du texte.

☐ Examine le titre de ce reportage. Qu'en penses-tu? Peux-tu suggérer un autre titre accrocheur?

☐ Sers-toi du paragraphe qui décrit l'incident survenu dans le nord de l'Ontario et rédige-le sous forme de reportage. Présente-le, comme à la télévision, en expliquant clairement les éléments essentiels (qui? où? quand?, comment? pourquoi?). Termine ton reportage avec la formule usuelle :

Ici _____(ton nom) à _____(le lieu)

☐ Remplis un tableau comme celui ci-dessous. Choisis un mot ou deux pour décrire l'aspect traité dans chaque paragraphe présenté dans le tableau. Décris ensuite le type d'information présenté à l'aide d'un des groupes de mots suivants : les causes, les conséquences, les solutions possibles, les victimes ou les responsables, des témoignages, des statistiques, des conseils, etc.

Enfin, note les mots de relation qui se trouvent dans chaque paragraphe.

Paragraphes	L'aspect de l'événement ou de la situation	Ce qu'on présente	Mots de relation
On trouve…	sortes d'animaux	des statistiques	maintenant bref
Ce besoin…			
La catégorie…			
En 1997,…			
Cet événement…			
Tout animal…			

☐ Dans la préparation de l'introduction d'un reportage, on suggère d'inclure certains éléments. Ces éléments doivent répondre aux questions suivantes : Qui? Quoi? Où? Quand? Comment? Pourquoi? Note les questions auxquelles correspondent les éléments ci-dessous. Dessine une astérisque devant les éléments qui ne sont pas dans l'introduction.

a) l'être humain

b) de nos jours

c) ce sujet devient plus complexe

d) au Canada

e) les animaux familiers

f) on trouve maintenant toutes sortes d'animaux

g) les gens aiment provoquer

RESPECT DES CONVENTIONS LINGUISTIQUES — Questions pour montrer la compréhension des conventions linguistiques apprises.

☐ Écris ces noms et ces adjectifs au féminin. Souligne celui qui ne forme pas son féminin comme les autres mots du groupe, s'il y en a un.

a) chien, mignon, compagnon, canadien, ontarien

b) passant, petit, habitant, chat, mort

c) curieux, venimeux, dangereux, sérieux, majestueux

☐ Distingue l'infinitif présent du participe passé en ajoutant *er* ou *é*.

a) J'ai partag___ ma vie avec un chien.

b) Tu n'as qu'à lui trouv___ un nom original.

c) Félix le chat a été remplac___ par des animaux exotiques.

d) La société qui nous entoure aime provoqu___

e) Les enfants aiment bien examin___ des serpents au zoo.

f) Les serpents peuvent étouff___ une proie énorme.

g) Un boa s'est échapp___ au cours de la nuit.

h) Son propriétaire avait oubli___ de ferm___ la porte.

i) Ce boa a été achet___ sur le marché noir.

☐ *Choisir* et *réfléchir* sont deux verbes du deuxième groupe qui se conjuguent comme le verbe *finir*. Avec l'un des deux verbes, prépare un tableau de conjugaison aux temps et aux modes suivants : présent de l'indicatif, passé composé de l'indicatif, présent de l'impératif, futur simple de l'indicatif et futur proche. Note aussi le participe passé et le participe présent du verbe choisi.

ÉCRITURE (tâches ouvertes)

☐ Rédige une lettre au journal expliquant ton opinion quant à la possibilité de garder des animaux exotiques dans les maisons de ton quartier.

☐ Rédige le journal de bord d'un boa domestique pour une période de trois jours.

☐ Écris le récit des aventures d'un animal exotique en liberté qui se voit capturé pour devenir un animal domestique.

COMMUNICATION ORALE (tâches ouvertes)

☐ Tu désires vendre un animal exotique. Prépare un message publicitaire pour intéresser des gens à l'acheter.

☐ Pense à un roman que tu as lu et apprécié. Imagine que tu es reporter et qu'on t'envoie sur les lieux pour recueillir les faits d'un événement tiré de ce roman. Présente ton reportage, comme à la télévision, en expliquant clairement les éléments essentiels (qui? où? quand? comment? pourquoi?). Termine ton reportage avec la formule usuelle :
Ici _____(ton nom) à _____(le lieu)

☐ Le groupe-classe est divisé en deux pour réaliser un mini-débat. Avec les équipes placées face à face, et en respectant les propos des autres, cite les raisons pour lesquelles on devrait être pour ou contre le droit de garder des animaux exotiques chez soi. Deux ou trois juges accorderont des points à chaque argument pertinent et bien présenté.

Fiche de planification du dossier d'écriture

Je prépare un reportage. Comme la ou le journaliste sur les lieux d'un événement, je prends des notes.

Collecte d'informations

	Informations essentielles	**Notes (en style télégraphique)**
I N T R O D U C T I O N	Qui? Quoi?	
	Où?	
	Quand?	
	Comment?	
	Pourquoi?	

	Détails	**Notes (en style télégraphique)**
D É V E L O P P E M E N T	Description	
	Explications	
	Causes; Conséquences	
	Témoignages	

Fiche de planification du dossier d'écriture

Pour écrire un reportage, j'organise mon information.

Je trouve un titre accrocheur et informatif.

Dans le premier paragraphe du reportage, je résume les informations essentielles. Qui? Quoi? Où? Quand? Comment? Pourquoi?

Dans les autres paragraphes du reportage, je donne des détails intéressants, des précisions supplémentaires pour bien faire comprendre la situation.

J'explique **un aspect** de l'événement ou de la situation **par paragraphe**.

Je peux y présenter :
– les causes,
– les conséquences,
– les solutions possibles,
– les victimes ou les responsables,
– des témoignages,
– des statistiques.

En rédigeant, j'utilise des expressions ou des mots de relation tels que *par la suite*, *à ce sujet*, *car*, *pendant ce temps*, *au cours de*, *à cause de*, *grâce à*, etc.

✓ J'écris à la troisième personne du singulier.
✓ Je vérifie l'orthographe des noms propres.
✓ J'utilise des adjectifs qualificatifs et des adjectifs numéraux.
✓ Je trouve une photo ou je fais une illustration pour accompagner mon reportage.

Collecte d'informations pour faire un reportage au sujet d'un problème social ou d'un phénomène scientifique.

Cherche cette information dans différentes sources de références.

Exemples : entrevue, dictionnaire, encyclopédie, magazine, journal, cédérom, Internet.

Sources	Notes (en style télégraphique)

La bosse des maths
Pages 118 à 121

RAISONNEMENT — Questions à répondre à l'aide des idées du texte.

☐ Dans le texte, trouve les réponses aux questions suivantes :
   a) Quel genre de problème Nadine doit-elle résoudre?
   b) Pourquoi Nadine remplit-elle des cases avec des points d'interrogation?
   c) Que fait Nadine lorsque Gabor entre en scène?
   d) Pourquoi l'extraterrestre quitte-t-il l'oreille de Nadine?
   e) À qui Nadine dit-elle merci lorsqu'elle résoud le problème?

☐ Qu'est-ce qu'un carré magique?

☐ Explique le sens des mots ci-dessous et trouve un indice qui aidera un ou une autre élève à découvrir le sens de ce mot. (Mots avant et après; petit mot compris dans le grand mot; mot de la même famille...)
   vrombissement, enfoncer, spatial, se ravisant, discret

☐ Avec un ou une partenaire, fais une liste des traits de caractère de Nadine.

COMMUNICATION — Questions à répondre à l'aide des idées du texte et des connaissances et expériences personnelles.

☐ La saynète commence avec Nadine qui se trouve seule dans une salle de classe. À ton avis, pourquoi est-elle seule dans une salle de classe vide?

☐ Pourquoi, selon toi, Nadine est-elle la seule à entendre la voix de l'extraterrestre?

☐ Que serait-il arrivé si l'extraterrestre n'était pas atterri dans l'oreille de Nadine?

☐ Explique la façon dont on peut inventer ou résoudre des carrés magiques.

☐ Imagine ce qui s'est passé avant et après dans l'histoire que raconte la saynète. Trace une ligne du temps qui décrit les événements qui ont eu lieu une heure avant le début de l'histoire de la saynète jusqu'à une heure après cette histoire.

ORGANISATION DES IDÉES — Questions pour montrer la compréhension de l'organisation du texte.

☐ À quoi servent les parenthèses dans le texte?

☐ En quoi une saynète est-elle différente d'un film? En quoi est-elle différente d'une émission de radio?

☐ Pour jouer cette saynète :
a) Combien faut-il de comédiennes et de comédiens?
b) Quels sont les accessoires nécessaires?

☐ Quelle est la différence entre lire le texte d'une saynète et assister à la représentation d'une saynète?

☐ Comment Nadine est-elle parvenue à comprendre la stratégie d'un carré magique? Note son cheminement.

RESPECT DES CONVENTIONS LINGUISTIQUES — Questions pour montrer la compréhension des conventions linguistiques apprises.

☐ Dans le texte, relève plusieurs exemples de phrases ayant des verbes conjugués à l'impératif. Surligne la terminaison de ces verbes. Élabore une règle pour former l'impératif des verbes du premier groupe, du deuxième groupe et du troisième groupe.

☐ Les interjections expriment généralement une émotion. Trouve des exemples d'interjections dans la saynète. Trouve le sentiment ou l'émotion que chacune exprime.
Exemple : «Flûte! c'est encore en panne.» - *Flûte!* exprime la frustration.

☐ Trouve des mots de la même famille que les mots ci-dessous. Enrichis ta liste en comparant tes trouvailles avec celles d'un ou d'une partenaire.
espace, bourdonnement, planète, idée, horizontal

☐ Transforme les phrases interrogatives ci-dessous en utilisant une autre construction interrogative.
a) Tu ne vois pas que j'ai été piquée?
b) Voyons, est-ce que c'est juste dans ma tête qu'il se passe quelque chose?
c) Tu m'entends?
d) À qui parles-tu, Nadine?
e) Tu penses t'être fait piquer?

☐ Écris les nombres entiers de 16 à 44 en lettres.
Le septième *u*, dans les nombres de cette liste, apparaît dans *vingt-neuf*.
Dans quel nombre apparaît :
a) le septième trait d'union?
b) le septième x?
c) le septième s?
Invente un défi semblable et note la réponse.

☐ Complète les phrases ci-dessous avec les homophones **ta** ou **t'a**.

ta (adjectif possessif)	**t'a** (élision d'un pronom personnel complément suivi du verbe avoir)
Il est suivi d'un groupe nominal.	Il est suivi d'un participe passé.
Exemple : J'ai retrouvé **ta** balle.	Exemple : Il **t'a** téléphoné hier soir.
On peut remplacer **ta** par *ma*.	

a) As-tu toute _____ tête?

b) Il _____ aidé à résoudre ce problème.

c) La voix _____ soufflé la réponse.

d) Nadine _____ remercié pour ton aide et _____ patience.

e) Le bruit _____ surpris.

Quel autre homophone de ces deux mots peux-tu trouver? Que veut dire ce mot?

ÉCRITURE (tâches ouvertes)

☐ Avec deux ou trois partenaires, rédige une saynète au sujet d'un événement qui s'est passé à l'école. Commencez d'abord par faire un plan pour déterminer les personnages, le lieu et l'intrigue.

☐ Tu es l'extraterrestre qui a atterri dans l'oreille de Nadine. Fais un bref compte rendu de ta visite sur Terre dans un journal de bord que tu remettras à ton chef. Reste fidèle à ta personnalité telle qu'on l'a perçoit dans la saynète.

☐ Choisis une notion mathématique que les élèves de première année ou de deuxième année doivent comprendre. Écris un court récit qui s'adressera aux élèves de ce niveau. Dans les péripéties de ton récit, intègre le concept mathématique que tu as choisi.

COMMUNICATION ORALE (tâches ouvertes)

☐ Décris une situation où tu as déjà eu l'impression de perdre la tête.

☐ En petite équipe, prépare une saynète pour amuser le groupe-classe. En plus de participer à la répétition des jeux de rôles, aide à la confection d'un décor simple et au choix d'une musique d'entrée en scène et de sortie de scène.

☐ Explique le jeu de morpion à un ou à une élève de première année. Joue quelques parties avec lui ou elle.

On n'est plus des bébés!
Pages 122 à 124

RAISONNEMENT — Questions à répondre à l'aide des idées du texte.

☐ Dans le texte, trouve les réponses aux questions suivantes :

    a) Quel est le grief que les filles veulent formuler?

    b) Contre qui les filles veulent-elles surtout poser leur grief?

    c) De quoi Catherine accuse-t-elle Nicolas?

    d) D'après Nicolas, que faut-il réussir avant de réclamer la liberté?

    e) Quelle avance Nicolas dit-il avoir sur les filles?

☐ Explique le grief d'Annie et de Catherine. Justifie ta réponse en écrivant des phrases du texte.

☐ Explique le sens des mots ou des expressions tirés de la saynète. Pour chaque définition, explique la stratégie qui t'a semblé la plus utile pour trouver ta réponse.
un grief, autonome, faire le fin finaud, sans se briser les os, avoir le nombril sec

☐ Fais la liste des droits que réclament Annie et Catherine.

COMMUNICATION — Questions à répondre à l'aide des idées du texte et des connaissances et expériences personnelles.

☐ Avec un ou une partenaire, cherche, dans des journaux ou des magazines, des mots, des photos et des illustrations qui présentent un des mots ci-dessous et crée une affiche.
grief, autonomie, liberté, responsabilité, permission

☐ Tu commences certainement à développer ton autonomie. Dresse avec un ou une partenaire une liste des gestes que vous posez afin de prouver que vous devenez autonomes. Divisez votre liste en deux catégories : à l'école et à la maison.

☐ Les filles veulent avoir plusieurs privilèges. Parmi tous ceux qu'elles ont énumérés, lesquels, selon toi, sont raisonnables et lesquels ne le sont pas? Explique ton raisonnement.

☐ Sur quel événement de la vie est basée l'expression *ne pas avoir le nombril sec*?

☐ Crois-tu que tu es quelqu'un d'autonome? Quelles sont les raisons qui te le font croire?

☐ Pourquoi crois-tu que les questions de Nicolas agacent tellement les filles? À quoi s'attendaient-elles?

ORGANISATION DES IDÉES — Questions pour montrer la compréhension de l'organisation du texte.

☐ Quelles prédictions peux-tu faire à l'aide du titre de cette saynète?

☐ Le premier paragraphe d'une saynète se nomme *l'exposition*. Remplis le tableau ci-dessous avec l'information que te donne cette partie de la saynète.

Qui?	
Quoi?	
Où?	
Pourquoi?	

☐ L'exposition est la première partie de la saynète, celle où sont présentés les personnages, les lieux et la situation initiale.

Écris le texte ci-dessous, qui correspond à l'exposition de la saynète, en ajoutant les mots qui manquent.	Imagine une nouvelle exposition pour une saynète en notant le texte ci-dessous et en ajoutant les mots de ton choix pour compléter ces phrases.
Autour d'une petite _____ de cafétéria, Annie, Catherine et Nicolas, trois _____ de classe se sont _____. Les deux _____ ont demandé l'_____ de leur _____ pour formuler leurs griefs.	Autour d'une _____, _____, _____ et _____, trois _____ se sont _____. _____ ont demandé l'aide de _____ pour _____.

Fais le croquis de ces deux scènes.

☐ À quatre reprises pendant la saynète, on donne des consignes aux comédiennes et aux comédiens. Quelles sont ces consignes? De quelle façon sont-elles indiquées?

RESPECT DES CONVENTIONS LINGUISTIQUES — Questions pour montrer la compréhension des conventions linguistiques apprises.

☐ Fais l'analyse des mots en caractères gras à l'aide d'un tableau comme celui ci-dessous.
Savez-**vous** préparer un **repas** et **le** faire cuire?
Je peux **me** faire un **sandwich**.

Mot	Nature adjectif qualificatif, nom commun, pronom personnel...	Genre	Nombre	Fonction (sujet du verbe, complément d'objet direct, qualifie le nom...)

□ L'auteure de cette saynète utilise fréquemment les points de suspension. Remplis le tableau ci-dessous avec les phrases où on trouve ce signe de ponctuation et explique le message qu'il laisse sous-entendre.

Phrases	Rôle des points de suspension
On a la même récréation que le monde de 4e...	
Il ne peut pas y avoir une école juste pour la 5e année, les filles...	
Des week-ends de ski, des sorties de groupe chaque mois, des voyages...	
Le droit de parler aussi longtemps qu'on veut au téléphone...	
Si ça t'amuse...	
Franchement, Nicolas, c'est vraiment pour te faire plaisir...	
Bien, qu'est-ce que t'entends par là... ?	
Repas...manger...trois fois par jour? Épicerie...viande, légumes...	
Bien...	

□ Complète les phrases ci-dessous avec l'un des homophones suivants :

la (article féminin singulier)	**la** (pronom personnel féminin singulier)	**là** (adverbe)	**l'a** (élision d'un pronom personnel complément suivi du verbe avoir)
Il est suivi d'un groupe du nom féminin singulier.	Il est suivi d'un verbe conjugué à un temps simple ou à l'infinitif.	Il indique un lieu ou un temps.	Il est suivi d'un participe passé.
Exemple : **La** lune est brillante, ce soir.	Exemple : Il **la** regarde partir.	Exemple : Ta balle est **là** dans la cour.	Exemple : Il **l'a** regardée partir.
		Il sert aussi à former les pronoms démonstratifs composés : *celui-là; celle-là, ceux-là; celles-là.*	
		Le pronom *cela*, composé de *ce* et de *là*, n'a pas gardé l'accent grave.	

a) On a _____ même récréation que les autres élèves.

b) Ne prends pas ce crayon, prends plutôt celui-_____.

c) Nicolas _____ trouve bien amusante cette question.

d) Les filles réclament _____ liberté et l'autonomie à l'école et à _____ maison.

e) Celle-_____, c'est une demande exagérée.

f) Le souper, il _____ préparé tout seul.

g) Son amie? Elle viendra _____ rejoindre à _____ cafétéria après _____ rencontre du club de danse.

h) Ma grand-mère _____ répète souvent cette phrase.

i) Savez-vous faire _____ lessive et _____ cuisine?

j) Catherine _____ aidé à faire _____ vaisselle.

☐ *Tu sais bien ce qu'on veut dire.*
Dans cette phrase, on retrouve trois verbes irréguliers. Lesquels? Conjugue ces trois verbes au présent et à l'imparfait de l'indicatif.

☐ *Pourquoi te permets-tu de nous faire la leçon, d'abord?*
Quelle sorte de phrase est la phrase ci-dessus?
Pourquoi a-t-on utilisé un tiret entre *permets* et *tu*?
Compose trois phrases interrogatives en suivant ce modèle.

☐ Trouve des mots de la même famille que les mots ci-dessous. Enrichis ta liste en comparant tes trouvailles avec celles d'un ou d'une partenaire.
plainte, cuire, force, liberté, droit

ÉCRITURE (tâches ouvertes)

☐ Avec deux partenaires, invente une saynète qui aura lieu au même endroit et avec les mêmes personnages que ceux de cette saynète.

☐ Catherine réalise qu'elle aurait pu faire preuve de beaucoup plus de tact à la suite de la discussion avec Nicolas. Elle désire s'excuser de la façon dont elle lui a parlé. Rédige une lettre d'amitié à l'intention de Nicolas, de la part de Catherine.

☐ Réécris cette saynète en substituant Nicolas pour un personnage fictif connu, par exemple, le petit Poucet, Obélix ou le père Noël. Modifie le dialogue et le dénouement de cette saynète en tenant compte de ton nouveau personnage.

COMMUNICATION ORALE (tâches ouvertes)

☐ Discute avec ton équipe des droits et des libertés que tu possèdes.

☐ Choisis un rôle dans cette saynète et pratique-toi à énoncer clairement les répliques que ce personnage doit prononcer. Joins-toi à deux élèves qui ont choisi les deux autres rôles et exercez-vous à jouer cette saynète.

Un club? Pour quoi faire?
Pages 125 à 128

RAISONNEMENT — Questions à répondre à l'aide des idées du texte.

☐ Dans le texte, trouve les réponses aux questions suivantes :
   a) Pour quelles raisons les trois amis veulent-ils former un club?
   b) Quels clubs existent déjà à l'école?
   c) Qui se moque des autres dans le groupe?
   d) Quels jours de la semaine les membres du club se réuniront-ils?

☐ Dans le texte, trouve des synonymes aux mots suivants :
autorisation, loi, entrée, intelligent, similarité, devinette, taquin, expédition, réponse, conduite.

☐ Sophie dit qu'elle fait une association d'idées. Quelles idées a-t-elle associées? Explique ta réponse.

☐ Décris la façon dont les trois amis pourront attirer différentes personnes à leur club.

☐ Dresse l'échéancier du club en tenant compte des indices du texte. Donne tous les renseignements que tu peux trouver.

COMMUNICATION — Questions à répondre à l'aide des idées du texte et des connaissances et expériences personnelles.

☐ Pourquoi Sophie se moque-t-elle de Maxime et de Xavier lorsqu'ils parlent du club de collectionneurs? En équipe, discutez des moqueries entre amis.

☐ Si tu pouvais former un club, décris-en la nature et explique les raisons pour lesquelles il serait ainsi.

☐ Pourquoi les clubs adoptent-ils souvent des règlements? Selon toi, est-ce utile?

☐ Qu'est-ce qu'est, selon toi, un groupe d'intérêts? Crée un message publicitaire pour un groupe d'intérêts que tu imagines. Quels messages veux-tu transmettre? Quel est le thème qui anime ce groupe d'intérêts? Comment feras-tu pour attirer des nouveaux membres?

☐ Avec un ou une partenaire, prépare une affiche publicitaire qui fera connaître le nouveau club des trois amis et attirera des membres.

ORGANISATION DES IDÉES — Questions pour montrer la compréhension de l'organisation du texte.

☐ L'exposition est la première partie de la saynète, celle où sont présentés les personnages, les lieux et la situation initiale. Quelle police de caractères est utilisée pour présenter l'exposition dans ce texte?

☐ Imagine une nouvelle exposition pour une saynète en notant la phrase ci-dessous et en ajoutant les mots de ton choix pour la compléter.
Avec la permission de _____, _____, _____ et _____ sont _____ durant _____.

☐ Pour jouer cette saynète :
a) Combien faut-il de comédiennes ou de comédiens?
b) Quels sont les accessoires nécessaires?

RESPECT DES CONVENTIONS LINGUISTIQUES — Questions pour montrer la compréhension des conventions linguistiques apprises.

☐ Trouve, dans le texte, des exemples d'adjectifs possessifs. Indique le genre et le nombre ainsi que le nom que chacun détermine. Compare ta liste avec celle d'un ou d'une partenaire.
Exemple : leur enseignante (fém, sing.)

☐ Justifie l'emploi de la majuscule et de la minuscule dans le mot *club* à différents endroits dans le texte.

☐ Trouve un exemple de phrase où l'on trouve :
– des virgules dans une énumération;
– une virgule pour mettre un mot en apostrophe;
– un point d'exclamation après une interjection;
– des guillemets pour citer les paroles de quelqu'un;
– un point d'interrogation dans une phrase interrogative.

☐ Écris les mots ou les adjectifs ci-dessous au féminin ou au masculin, selon le cas.
collectionneur, beau, postale, vieux, amateur, champion, première, moqueur, français, virtuel

☐ Consulte un dictionnaire pour découvrir le nom donné à quelqu'un qui collectionne :
a) des timbres
b) des pièces de monnaie
c) des macarons ou des écussons
d) des autographes
e) des cartes postales

☐ En utilisant le mot *moquerie* ou le mot *règlement* invente une phrase avec chacun des verbes ci-dessous.
éviter, connaître, lire, savoir, venir

ÉCRITURE (tâches ouvertes)

☐ Prépare un message publicitaire pour inciter les gens à s'inscrire à un club.

☐ Rédige une saynète portant sur le thème de l'amitié et des moqueries.

☐ Écris le récit d'un voyage virtuel.

COMMUNICATION ORALE (tâches ouvertes)

☐ Prépare un message publicitaire qui sera lu à la radio traitant du thème des moqueries à éviter.

☐ Joue un rôle dans une saynète avec ton équipe.

Fiche de planification du dossier d'écriture

Je prépare la rédaction d'une saynète. Je note toutes mes idées.

Situation initiale	
Personnages	Caractéristiques

Croquis du décor	Lieu(x)	Temps

Suite des événements		
Personnages	Ce qui se passe	Accessoires

Dénouement

Romans jeunesse

RAISONNEMENT — Questions à répondre à l'aide des idées du texte.

☐ Note, dans ton journal de lecture, le titre du roman, le nom de l'auteur ou de l'auteure, le nom de la collection et de la maison d'édition ainsi que ton impression du roman que tu viens de lire.

☐ Trouve dans des magazines des mots et des images qui décrivent bien le roman que tu viens de lire. Utilise-les pour créer un collage en forme de signet. Laisse ce signet à la disposition de celles et de ceux qui liront le roman.

☐ Prépare un album souvenir pour un des personnages du roman que tu as lu.

☐ Imagine que le roman que tu as lu est porté au grand écran. Tu dois choisir, dans ton groupe-classe, les élèves qui tiendront les rôles des différents personnages. Prépare la liste de distribution et explique ton choix pour chacun des rôles.

☐ Prépare un lexique des mots et des expressions difficiles dans le roman que tu as lu.

☐ Confectionne une affiche du type *Avis de recherche* pour un personnage ou un objet du roman. N'oublie pas d'inclure un portrait, une description et toute autre information pertinente. N'oublie pas de promettre une récompense à celle ou celui qui fera la découverte du personnage ou de l'objet.

COMMUNICATION — Questions à répondre à l'aide des idées du texte et des connaissances et expérience personnelles.

☐ Choisis un personnage du roman que tu viens de lire. Écris plusieurs entrées, que ce personnage aurait pu écrire dans son journal de bord.

☐ Écris une lettre d'amitié à une personne de ton choix pour lui parler du roman que tu viens de lire. Explique-lui ce que tu as aimé et ce que tu as moins apprécié du roman.

☐ À l'aide d'un diagramme de Venn, compare le personnage principal du roman à quelqu'un que tu connais bien.

☐ Prépare un jeu de mots cachés pour faire connaître un roman. Dans la grille, cache dans toutes les directions, le plus de mots possibles ayant un lien avec le roman (personnages, lieux, objets, événements, auteure, auteur, illustratrice, illustrateur). Lorsque tu ne peux plus insérer de mots, remplis les cases vides avec le titre du roman ou avec d'autres mots qui s'y rapportent. Classe par ordre alphabétique la liste de mots à trouver dans la grille.

☐ Prépare une entrevue avec un personnage du roman. Écris au moins dix questions qui permettront au personnage de bien expliquer ses idées et ses sentiments par rapport à son rôle dans l'histoire.

☐ Choisis le personnage le plus intéressant du roman. Examine attentivement ses goûts et sa personnalité. Trouve un petit cadeau qui pourrait, selon toi, lui faire plaisir. Prépare une carte pour accompagner ce cadeau, où tu lui expliques ton choix.

ORGANISATION DES IDÉES — Questions pour montrer la compréhension de l'organisation du texte.

☐ Écris le titre du roman que tu as lu, sous forme de rébus. Présente-le au groupe-classe. Lorsque les élèves auront trouvé la réponse, invite-les à te poser des questions au sujet de l'histoire.

☐ Joue à la chaise musicale des romans. Des chaises sont placées, dos-à-dos, en une rangée. Il y a un roman sous chacune des chaises. Au son de la musique, tu circules autour des chaises. Lorsqu'on arrête la musique, tu t'assoies sur la chaise la plus près et tu y ramasses le livre. Tu examines la jaquette du roman et tu commences la lecture du premier chapitre jusqu'à ce que tu entendes la musique à nouveau. Tu déposes alors le livre et tu circules une fois de plus pour découvrir un nouveau roman. À la fin du jeu, les livres seront placés dans la salle de classe. Tu pourras lire ceux qui t'ont semblé intéressants.

☐ Pour faire la promotion d'un roman ou d'une collection de romans, on te demande de mettre en marché un nouveau produit dérivé de ce roman. Prépare un prototype de ce produit. Planifie l'emballage et tous les détails nécessaires pour en faire un succès.

☐ Réalise une série de cinq tableaux. Le premier illustre la situation initiale, les trois autres présentent les principales péripéties et le dernier présente le dénouement du roman que tu as lu. Ajoute un titre à chaque tableau dans le but que le tout soit facile à comprendre pour quelqu'un qui n'a pas lu ce roman.

☐ Si tu devais réécrire ce roman sous forme d'album à l'intention d'enfants très jeunes, quels éléments de l'histoire laisserais-tu tomber? Comment simplifierais-tu cette histoire?

☐ Comment choisis-tu habituellement tes romans? Comment as-tu choisi ce roman? Qu'est-ce qui t'a attiré le plus : le titre, la jaquette du livre, l'auteur ou l'auteure, la collection, les illustrations, les suggestions de quelqu'un ou autre chose?

RESPECT DES CONVENTIONS LINGUISTIQUES — Questions pour montrer la compréhension des conventions linguistiques apprises.

☐ Dresse une liste de noms accompagnés d'adjectifs qualificatifs et de déterminants, tirés du roman que tu as lu.
Dans ce roman, il y a …

☐ Écris cinq phrases interrogatives tirées du roman que tu as lu. Imite leur structure pour composer de nouvelles phrases interrogatives.

☐ Relis des passages du roman et note les mots de transition que tu y trouves. Classe-les selon le genre de lien qu'ils marquent. (Exemples : précise le temps, la cause, la fréquence.)

☐ Choisis un des groupes d'homophones suivants : m'a/ma, t'a/ta, l'a/la.
Trouve quelques phrases du roman qui contiennent les mots choisis. Écris ces phrases et notes-en la page. Surligne l'homophone et explique la raison pour laquelle il est écrit ainsi.

☐ Dans le roman, cherche un exemple pour chaque sorte de compléments énumérés ci-dessous. Écris les phrases, note la page, souligne le complément trouvé et indique la sorte de complément.

a) complément d'objet direct
b) complément d'objet indirect
c) complément circonstanciel de temps
d) complément circonstanciel de cause
e) complément circonstanciel de lieu
f) complément circonstanciel de but
g) complément circonstanciel de prix
h) complément circonstanciel d'opposition

ÉCRITURE (tâches ouvertes)

☐ Prépare un message publicitaire pour promouvoir le roman que tu viens de lire. Ajoute un slogan pour inciter les gens à le lire. Dépose ton message au centre de ressources de l'école.

☐ Imagine que tu es l'ami ou l'amie d'un des personnages du roman que tu as lu. Écris-lui une lettre d'amitié pour lui donner quelques conseils qui l'aideront à se tirer de la situation problématique dans laquelle il ou elle se trouve.

☐ En partant d'un roman que plusieurs de tes camarades ont lu, compose une série de devinettes au sujet des personnages et des événements de ce roman. Demande à tes camarades de trouver les réponses à tes devinettes.

☐ Prépare une affiche pour faire la promotion d'un roman. Complète la phrase ci-dessous et note-la sur ton affiche.
Si vous appréciez (1)… , (2) … et (3)…, vous aimerez sûrement le roman … (*titre du roman*).

☐ Écris une lettre au personnage principal du roman que tu as lu en lui posant des questions, en exprimant une opinion contraire à la sienne et en présentant une plainte et une suggestion.

COMMUNICATION ORALE (tâches ouvertes)

☐ Prépare une présentation costumée du roman que tu viens de lire. Prends l'apparence de l'auteur ou de l'auteure ou d'un personnage pour réaliser ta présentation.

☐ Participe avec trois ou quatre autres élèves à une émission de style causerie au sujet d'un roman que vous avez tous lu.

☐ Enregistre pour la radio une annonce publicitaire sur bande audio dans le but de faire connaître le roman que tu as lu. N'oublie pas la musique de fond et les effets sonores appropriés pour accompagner ton texte.

☐ Présente l'élément déclencheur de ce roman sous forme de reportage lors d'un bulletin de nouvelles.

2

Achevé d'imprimer en juin 2003
sur les presses du
Centre franco-ontarien de ressources pédagogiques.